Saison
La revue des séries

2023 – 1, n° 5

# Saison

## La revue des séries

PARIS
CLASSIQUES GARNIER
2023

## DIRECTEUR DE LA PUBLICATION

Claude Blum

## RÉDACTEUR EN CHEF

Emmanuel Taïeb

## RÉDACTEUR EN CHEF ADJOINT

Ioanis Deroide

## COMITÉ DE RÉDACTION

Charlotte Blum, Marjolaine Boutet, Nicolas Charles, Claire Cornillon, Olivier Cotte, Ioanis Deroide, Benjamin Fau, Antoine Faure, Pierre Jacquet, Emmanuelle Jay, Damien Leblanc, Emma Scali, Gilles Vervisch

## RESPONSABLE DE LA RUBRIQUE LIVRES

Nicolas Charles

## GANG DES PARRAINS ET MARRAINES

Éric Benzekri, Benjamin Fogel, François Jost, Valérie Lavalle, Frédéric Lavigne, Charline de Lépine, Pacôme Thiellement

## SECRÉTAIRE D'ÉDITION

Félix Lemieux

## CONTACT

emmanuel.taieb@sciencespo-lyon.fr
Classiques Garnier
Saison. La revue des séries
6 rue de la Sorbonne
75005 Paris

ISBN 978-2-406-15074-9
ISSN 2780-7673

# SOMMAIRE

# ÉDITORIAL

## Le sériephile et son alien

Stupeur et tremblements : la librairie de la Cinémathèque française ne possède pas de rayon livres sur les séries. Çà et là, dispersés, quelques ouvrages seulement pourront parler au sériephile. Alors même qu'il peut ne faire qu'un avec le cinéphile, habiter la même grammaire narrative, la même mise en scène et les mêmes récits. L'honnêteté invite à dire que dans nombre de librairies généralistes, les étagères dédiées au cinéma, à la culture ou à la « pop culture » sont souvent faméliques ; cannibalisées par les livres de fiction et leurs événements factices, comme la « rentrée littéraire ». Le fossé est donc étonnant entre l'insistance des médias autour du « phénomène des séries », l'attente que certaines d'entre elles suscitent, les enjeux financiers et de production qu'elles charrient pour les chaînes et les plateformes, et le plus faible écho qu'elles rencontrent dès qu'elles quittent leur médium originel. Aussi massives dans leur diffusion et aussi anciennes que la télévision – même si elles s'en sont affranchies – on ne peut plus sérieusement dire que les séries soient de « nouvelles entrantes » sur la scène audiovisuelle. Et dans leur sororité avec le cinéma, on voit bien, dans le cas américain, comment elles ont pu devenir un nouvel Hollywood, attirant des réalisateurs et des réalisatrices désireux de construire plus ou moins librement des récits et des œuvres de longue durée, ou lassés peut-être d'une production cinématographique qui prête aux seuls super-héros le super-pouvoir de faire revenir les spectateurs dans les salles et d'engranger rapidement des bénéfices.

Assez logiquement, c'est la situation du cinéma post-Covid qui serait à déplorer plutôt que celle des séries, puisque d'une part elles ont un public, ne sont pas soumises à la chronologie des médias, peuvent espérer plusieurs vies en restant dans les catalogues des chaînes – nous avons d'ailleurs plaidé ici même pour leur patrimonialisation ouverte –, et d'autre part elles ont conquis leur place comme forme artistique. La lecture des deux ouvrages que Pierre Langlais a consacrés aux showrunners comme aux acteurs et actrices de séries montre à quel point la série est pensée esthétiquement et appréhendée avec tous les outils de l'art par celles et ceux qui la font[1]. Il en va de même de la série documentaire de Charlotte Blum « The Art of Television » (OCS) sur les réalisateurs et réalisatrices de séries, pour lesquels les enjeux d'écriture et de réalisation sont pleinement cinématographiques, avec des enjeux de temps plus tendus que pour le grand écran.

Les grands studios hollywoodiens jadis, comme aujourd'hui les grandes plateformes de production, ne sont pas peuplés de philanthropes. Quelques décisions artistiquement aberrantes, sans doute financièrement rationnelles, comme l'arrêt subit de séries prometteuses, originales ou subversives au bout d'une ou deux saisons viennent le rappeler régulièrement (sur Netflix, *Drôle* de Fanny Herrero, créatrice de *Dix pour cent*, pour prendre un exemple récent d'annulation au bout d'une saison). Même si à l'inverse, les mêmes chaînes peuvent organiser le sauvetage d'autres productions (*Designated Survivor*, reprise et améliorée par Netflix, pour une ultime saison, ou *Cobra Kaï* originellement diffusée sur YouTube Red et relancée là aussi par la firme de Los Gatos). Historiquement, l'art essaie d'exister dans la tension permanente entre impératifs de rentabilité et ambitions créatrices ; et les séries n'échappent pas à cette règle.

Or ce sont parfois les séries qui sont évoquées dans le registre de la déploration. Soit dans une perspective élitiste parce qu'il s'agirait d'un sous-genre qui n'existerait que pour affaiblir le cinéma (en majesté), soit dans une perspective critique parce que les séries incarneraient le *fast-thinking*, le triomphe de la facilité narrative (à coups de *cliffhangers* pour gogos) et bien sûr le règne néo-libéral de l'argent, où les plateformes, nouvelles *majors* de la production, donc, fabriquent à la chaîne des « produits », et ne viseraient que le temps de cerveau disponible, l'abonnement et le clic. La forme sérielle n'est donc pas exempte de son investissement militant, prise dans la critique politique générale d'un libéralisme protéiforme.

L'ouvrage du producteur Romain Blondeau, publié dans la collection Libelle du Seuil, qui entend concurrencer la collection Tracts de Gallimard et dire la « vérité » cachée de l'époque, intitulé *Netflix, l'aliénation en série* est le dernier opus en date de cette dénonciation de l'impérialisme numérique, télévisuel et financier. L'habile nouveauté analytique de cet auteur est d'enrôler dans la critique de Netflix un volet politique qu'on

---

1    Langlais Pierre, *Créer une série* et *Incarner une série*, Paris, Armand Colin, 2021 & 2022.

ne trouve pas habituellement quand il est question de séries : la « culture start-up » dont Netflix et son patron, Reed Hastings, seraient les parangons trouve sa concrétisation idéologique et politique avec Emmanuel Macron[2]. Dès lors, le libéralisme issu de l'économie numérique s'incarne dans la passion pour la « destruction créatrice[3] » politique d'En Marche et dans la disruption de Netflix. Laquelle est accusée d'avoir rapidement tourné le dos à des séries d'auteurs, comme *House of Cards* de David Fincher ou *Sense8* des sœurs Wachowski, au profit de divertissements grand public comme *La Casa de papel*. Bref, c'est le moment où Netflix devient TF1, pourrait-on dire, cible un « nouveau marché (…) plus populaire, moins sériephile[4] », et vise la consommation sans fin au point d'aliéner ses spectateurs. « Le *binge watching* que favorise le modèle de diffusion délinéaire de Netflix est une expérience de la mort », écrit même Romain Blondeau[5]. Une note interne de la plateforme destinée aux scénaristes insiste d'ailleurs sur la nécessité d'avoir des rebondissements en permanence pour maintenir l'intérêt du public. Ce qui fait dire à l'auteur que la variété des thématiques abordées dans les séries n'est qu'un leurre, car seuls comptent les arcs narratifs renouvelés et *in fine* la victoire d'un « capitalisme attentionnel » qui rive à son écran le spectateur[6].

La comparaison de Hastings et de Macron est assez vite oubliée, sauf pour dire que Netflix fait du « en même temps » (c'est-à-dire ici mange à tous les râteliers pour, justement, ne s'aliéner personne), y compris quand ses programmes sont sensibles à la visibilité des minorités et à la violence qui les frappe[7]. Quoi qu'il choisisse, et même s'il a le sentiment de regarder de la *quality TV* et des séries qui se confrontent à des sujets politiques et sociaux sensibles, le spectateur netflixien est toujours-déjà aliéné par un récit calibré pour le retenir, et prisonnier d'un algorithme tout aussi aliénant. Là où le cinéphile aurait encore le choix de ne pas aller au cinéma, ou

---

2    Blondeau Romain, *Netflix, l'aliénation en série*, Paris, Seuil, 2022, p. 11.
3    Page 12.
4    Page 17.
5    Page 21.
6    Page 29.
7    Ce qui fait dire à Thomas Sotinel que cette charge contre Netflix procède d'une colère « injuste » : « "Netflix, l'aliénation en série" : un pamphlet contre la plate-forme numérique, *lemonde.fr*, 15/09/2022. https://www.lemonde.fr/idees/article/2022/09/15/netflix-l-alienation-en-serie-un-pamphlet-contre-la-plate-forme-numerique_6141678_3232.html On verra aussi l'article détaillé de Benjamin Campion sur les stratégies de choix de titres des séries anglophones par Netflix dans ce volume.

d'éviter telle ou telle production, le sériephile, ici étrangement distingué de son glorieux aîné, est d'emblée captif et incapable d'éteindre sa télévision.

Et si c'était plutôt le lanceur d'alerte pessimiste qui se faisait l'alien du sériephile ? Cela fait un moment que le sériephile et son alien cheminent ensemble, mais il faudrait désormais choisir entre l'aliéné et sa mauvaise conscience aliénante. Classiquement, l'ouvrage de Romain Blondeau confond l'industrie des séries et les séries comme formes industrielles, balayant leur dimension artistique et, se focalisant uniquement sur Netflix, comme si les autres modèles de production aux États-Unis mais pas seulement, étaient davantage ou moins vertueux, oublie des œuvres fortes écrites et diffusées sur d'autres plateformes. C'est toujours la même antienne : inquiéter le spectateur de séries sur sa transformation en consommateur et sur son incapacité à être précisément sériephile, c'est-à-dire cultivé, doté d'une mémoire et de préférences, retors, susceptible de choisir ce qu'il regarde et comment il le fait ; réflexif, en somme. Au spectacle des séries, la critique préfère l'alerte et l'évitement.

Là où cette critique rate sa cible tient dans l'ignorance de toute la production analytique, essayiste et académique, autour des séries en Occident. Ne pas présenter ces écrits aux lecteurs c'est faire comme si la forme pamphlétaire était la seule acceptable et disponible quand il s'agit de séries. Autant dire qu'on est très loin du programme de *Saison*, et de ses déclinaisons (Saison.media, le podcast Intersaison), où la culture sérielle est considérée non seulement comme digne d'intérêt, mais surtout comme le lieu de la transgression, de l'édification pour le plus grand nombre, d'une vraie éducation populaire, comme l'a montré Sandra Laugier. La « vie mode d'emploi », les questions politiques, morales, judiciaires, sentimentales, la place des minorités, les ressorts de la haine, les inquiétudes dystopiques, sont mis en scène et dans le débat public à partir de cette culture. Celle qui ne nécessite aucun prérequis et celle qui promet tous les possibles, parce qu'elle parle de nous[8].

Emmanuel TAÏEB

8    Mèmeteau Richard, *Pop culture. Réflexions sur les industries du rêve et l'invention des identités*, Paris, Zones, 2014.

# PORTRAIT D'UNE VILLE EN FEU

## *On the Verge* de Julie Delpy

Conçu par la réalisatrice, scénariste et actrice française Julie Delpy, *On the Verge* a failli ne jamais voir le jour. Avec un premier jet écrit en 2012, la série a longtemps trainé dans les tiroirs de plusieurs producteurs et plateformes de diffusion, avant d'être retenue par Canal Plus et Netflix. Pour Julie Delpy, les raisons de cette longue gestation sont claires : Hollywood s'intéresse peu aux femmes de quarante ans, et encore moins à celles de cinquante, âge canonique atteint par certains des personnages, lors de la dernière mouture du scénario. « La femme au milieu de sa vie ne vient pas vraiment à l'idée des studios américains, explique-t-elle. Ils ne sautent pas de joie à l'idée de consacrer de l'argent à des femmes de 45 ou 50 ans[1] ». Comme un clin d'œil au montage difficile de son projet, elle inclura dans le pilote de la série un dialogue où deux personnages fantasment la possibilité d'un film de super-héros dont les héroïnes seraient des quinquagénaires en combinaison de lycra. Dans *On the Verge*, pas de costumes moulants, mais bien une distribution de femmes « mûres » saisies à un tournant de leur existence, des femmes qui tâtonnent, hésitent, doutent, se soutiennent, pleurent, ragent et s'amusent, réfléchissent à leurs expériences passées et se projettent vers l'avenir.

En douze épisodes et une unique saison, puisque malgré un estimable succès critique et public, la série n'a pas été renouvelée par Netflix, *On the Verge* retrace le parcours de quatre personnages, des amies de longue date. On rencontre d'abord Justine, interprétée par Julie Delpy, un Française installée à Los Angeles, cheffe d'un restaurant bien coté de Venice, mariée à Martin, interprété par Mathieu Demy, Français aigri,

---

1 « Julie Delpy et Mathieu Demy racontent "On the Verge" », par Olivier Joyard, *Les Inrockuptibles*, 8 septembre 2021. https://www.lesinrocks.com/series/julie-delpy-et-mathieu-demy-racontent-on-the-verge-lune-des-belles-surprises-de-la-rentree-series-407642-08-09-2021/

qui ne se fait pas à la vie dans la cité des anges. À côté de Justine, Anne (Elisabeth Shue) est une riche héritière, « *a trust fund baby* », comme on les appelle outre-Atlantique. Elle souffre de relations complexes avec son époux, un musicien de dix ans son cadet, et conflictuelles avec sa mère, figure autoritaire et méprisante qui distribue (ou non) son argent pour maintenir le contrôle sur son enfant. Anne et Justine sont amies avec Ell (Alexia Landeau), mère célibataire de trois enfants, tous nés de pères différents. Dans la série, Ell est celle qui galère le plus, multipliant les petits boulots et entretenant un compte en banque aussi dépouillé, dit-elle, qu'une tirelire d'enfants. Enfin, Yasmin (Sarah Jones), dernier personnage de la troupe, est de descendance africaine-américaine et iranienne. « Si vous avez été persécuté en Amérique, s'exclame-t-elle lors d'un entretien d'embauche, vous êtes probablement un membre de ma famille ». Mère alors qu'elle était âgée d'une trentaine d'années, Yasmine a peu travaillé après des études brillantes. Maintenant que son fils, Orion, a atteint les douze ans, elle souffre de son oisiveté, regrette de ne pas avoir terminé sa thèse et de ne jamais avoir mis son intellect au service des causes qui l'intéressent.

« Ce que j'aime dans la série, c'est que ces personnages ne sont pas des stéréotypes, précise Julie Delpy. Elles ont des défauts. Elles sont fortes et fragiles, en colère et effrayées, toujours multidimensionnelles. Je voulais aussi parler de leur statut social. Mon personnage doit travailler, Ell lutte, et les autres ont de l'argent mais ce n'est pas le leur[2]. » Ensemble de portraits imbriqués, la série s'intéresse alors à l'évolution de chacune des femmes croquées. Chacune d'entre elles voit son parcours se dessiner au fur et à mesure des douze épisodes. Elles sont au cœur de changements et suivent ce que Julie Delpy appelle « des arcs » dans la narration, c'est-à-dire des trajectoires non linéaires, suivant un mouvement évolutif mais accidenté. À l'issue de la série, Justine trouve la force de changer de vie et de rompre avec son mari. Anne renonce à l'argent de sa mère. Ell repère le moyen d'exploiter sa misère, devenant la réalisatrice d'une chaîne YouTube à succès, consacrée à sa vie de famille chaotique. Seule Yasmin fait marche arrière, reprenant un temps le travail – des activités d'espionnage – avant de retomber dans sa routine et dans l'ennui de sa vie bourgeoise.

---

2   In Creative Company, *Julie Delpy on On the Verge*, YouTube. https://www.youtube.com/watch?v=l0SK9XO8si4

Lorsqu'on les rencontre, chacun des personnages est au bord de quelque chose (*on the verge of something*). Le tournant arrive mais nous n'y sommes pas encore, pas exactement. Elles sont presque à l'âge de la crise, presque à celui de la renaissance, presque au moment où elles enverront tout valdinguer, se réinventeront. Cette tension, sur le fil, est palpable tout au long de la saison. Elle crée une atmosphère particulière d'attente, une sensation de suspend avant le basculement final.

Pour Julie Delpy, *On the Verge* constitue aussi la première œuvre qui s'intéresse directement à sa ville d'adoption : Los Angeles. Dans ses précédents projets, la réalisatrice avait dressé le portrait d'un Américain à Paris et d'une famille française à New York (le diptyque *2 Days in Paris / 2 Days in New York*). Elle avait conté la destinée d'une noble hongroise (*The Countess)*, et chanté les louanges d'une tribu libertaire en vacances sur les côtes françaises (*Skylab*). Mais jamais elle n'avait filmé le soleil de Californie, ni évoqué les conditions de vie si particulière d'une mégapole que certains aiment comparer à une « cité-État[3] ». « Dans ma vie, j'ai passé plus de temps à Los Angeles qu'à Paris, raconte Julie Delpy. Los Angeles est ma ville, même si c'est bizarre de dire ça. La ville m'agace et je l'adore. J'aime beaucoup la lumière et la végétation. J'ai été élevée dans un trou du XVe arrondissement, sans lumière, au rez-de-chaussée. J'étais comme une endive, un champignon de Paris. Tout à coup, je suis arrivée à Los Angeles et c'était impossible pour moi d'en repartir. Dans la série, je voulais capter l'univers magnifique et horrible de cette ville[4]. »

« Dans *On the Verge*, précise Mathieu Demy, covedette et réalisateur de plusieurs épisodes, Los Angeles devient un personnage[5] ». La ville est au cœur des conversations. Elle est filmée dans les déplacements des personnages, dans leurs soirées aux restaurants ou dans des clubs prestigieux, dans leurs journées passées au parc pour un match de football opposant leurs enfants, où à l'école privée alternative où ils sont scolarisés. Los Angeles est décrite dans ses excès, son extrême pauvreté et sa violence, et dans sa douceur, la mer, le soleil, la lumière. Surtout, la ville est captée comme un reflet des trajectoires multiples empruntées

---

3    Sur la notion de cité-État et son application à la ville de Los Angeles, voir Baldwin Rosecrans, *Everything Now. Lessons from the City-State of Los Angeles*, Picador, 2022.
4    « Julie Delpy et Mathieu Demy racontent On the Verge », art. cité.
5    *Ibidem.*

par les personnages. Comme Anne, Justine, Yasmin et Ell, Los Angeles est toujours au bord de la crise, toujours « *On the verge* », donc. Au bord de l'explosion sociale, au bord de l'incendie ou du tremblement de terre, au bord de chuter dans la pandémie du coronavirus. Une cité dans un tournant perpétuel que Julie Delpy décrypte avec attention, humour et clairvoyance.

## CROQUER LA VILLE :
## COMMENT MONTRER LOS ANGELES ?

Les premiers plans d'*On the Verge* mettent le spectateur sur une fausse piste. Au cœur d'un paysage désertique, quatre femmes, présentées l'une après l'autre en gros plan, portent un masque à gaz et tiennent dans leur bras des armes d'assaut. On suit ensuite une autre protagoniste qui titube avant de lever les bras, imitant l'affiche du film d'Oliver Stone *Platoon*, et de s'effondrer dans la poussière. Nous sommes dans un film de guerre, pense-t-on, ces femmes sont en pleine bataille, et le programme qui nous avait été annoncé – quatre quinquagénaires à Los Angeles – semble bien éloigné de ce que nous avons sous les yeux. Toutefois, une fois le titre passé, on se retrouve à l'intérieur d'une maison soignée, demeure de petite taille mais bien entretenue, appartenant sûrement à une famille de la classe moyenne supérieure. Justine, alias Julie Delpy est assise face à son ordinateur dans un bureau qui s'apparente à une buanderie. Son mari, Martin, dessine sur une vaste table d'architecte dans une pièce adjacente à la salle à manger, et leur fils de 12 ans joue du piano. La voix off répète le texte hésitant que Justine est en train d'écrire alors que la partition de piano tourne en boucle au gré des hésitations du jeune musicien. Justine ferme son ordinateur, se lève, salue son mari qui fait la grimace en observant sa tenue pour la soirée, ramasse les excréments de son chat dans la baignoire et grimpe dans sa voiture. Dans *On the Verge*, outre la maison de Justine, le premier plan que nous verrons de Los Angeles sera celui des palmiers qui longent la route qu'elle emprunte pour aller fêter l'anniversaire de Yasmin. Une image d'Épinal de Los Angeles, celle qu'on associe tous à une ville, où effectivement les palmiers pullulent, ornements des quartiers riches ou mauvaises herbes parsemées sans logique apparente au beau milieu des terrains vagues qui agrémentent les districts les plus pauvres.

Tout au long de *On the Verge*, Los Angeles est avant tout représentée dans un ensemble de plans de coupe utilisés pour situer les personnages et pour cartographier leurs circulations dans la ville. Il y a la maison de Justine donc, nichée dans le quartier de Mar Vista, petite mais bien entretenue avec sa végétation tropicale. Il y a la maison de Yasmin, une vaste demeure moderne située en plein cœur de Venice, à l'adresse erronée de 3155 Superba Street. Il y a le petit bungalow d'Anne, habitation la plus onéreuse de toutes quand on connaît le marché immobilier local, donnant en plein sur les canaux de Venice. Et puis, il y a l'appartement d'Ell, dans un petit immeuble typique de trois étages, situé dans une enclave plus urbanisée, moins banlieusarde, que celles habitées par ses amies. À Los Angeles, comme le rappelle Peter Lunenfeld, on dit parfois que les spécificités architecturales ne sont pas à chercher dans les lieux publics mais dans les habitations privées[6]. Montrer la ville revient ainsi à rendre compte d'une série de maisons particulières qui immédiatement situent les personnages dans l'échiquier social. Autre lieu important de la série montré dans ces plans de coupe, le restaurant de Justine, intitulé « Chez Juste » qui se situe sur California Avenue à proximité de la plage de Venice où les personnages se retrouvent à plusieurs reprises. Les plages de Venice et Santa Monica sont reconnaissables à la fois par les petites maisons sur pilotis des gardes-côtes qui ponctuent leur étendue de sable et par le ponton de Santa Monica avec sa grande-roue et ses fast-foods pour touristes, la fin de la route 66. À l'exception de quelques escapades downtown pour visiter le nouveau loft du mari d'Anne décrit comme « Nolita dans les années 90[7] », c'est principalement entre Mar Vista, Venice et Santa Monica que les personnages évoluent.

Dans la série, les plans de coupes sont alors associés à d'autres en mouvement où il est question de suivre les personnages dans leurs déplacements entre leurs différentes sphères d'activités. Ainsi, plusieurs

---

6    Voir Lunenfeld Peter, *City at the Edge of Forever. Los Angeles Reimagined*, Penguin Books, 2021.

7    Nolita (entendre North of Little Italy) est un quartier new-yorkais situé dans le sud de Manhattan. Plus semblable aux zones urbaines de la côte Est que le reste de la ville, le quartier de Downtown Los Angeles abrite des immeubles art-déco et des anciennes friches industrielles transformées en lofts.

scènes de la série montrent Justine en voiture avec son fils Albert, nommé ainsi en hommage au père de la réalisatrice. On le sait, Los Angeles est la ville de la voiture et la cité s'est grandement fondée autour de son réseau d'autoroutes[8]. Justine, mère de famille occupée, a en charge d'accompagner son fils dans ses multiples activités. C'est elle qui l'emmène à l'école ou au foot. C'est elle qui l'accompagne faire une randonnée dans un canyon voisin. C'est aussi elle qui travaille hors de la maison, laissant à son mari un rôle proprement sédentaire, cantonné entre les quatre murs de leur habitation. En voiture, Justine et Albert prennent le temps de discuter et d'engager des conversations existentielles. Il y est question de John Lennon – le monde serait-il meilleur s'il était toujours en vie ? –, de changement de carrière pour une femme de quarante ans, et de la situation sociale et politique de Los Angeles. Nous y reviendrons. C'est aussi à bord d'une voiture que Yasmin retrouve un semblant d'activités professionnelles. Engagée dans des faits d'espionnage, elle se cache dans des voitures pour mener à bien ses missions et se retrouve conduite d'un lieu à l'autre, pour atterrir dans un *strip mall*, petit centre commercial ouvert sur la route, invention californienne et patte architecturale du Los Angeles des années 1980. Yasmin y entre dans une onglerie, énonce le code à l'accueil, une épilation de la moustache, suite à quoi elle est escortée dans une arrière-boutique où elle retrouve plusieurs professionnels du renseignement. De la maison de son amie où elle participe à une fête, sur les canaux de Venice, au centre commercial où se côtoient restaurant de poulet, librairie catholique et onglerie tenue par des Californiens originaires de Corée, elle a parcouru quelques kilomètres et crée du lien entre plusieurs aspects de Los Angeles, ville-monde, multiculturelle et hétéroclite.

Outre ces dispositifs visuels, *On the Verge* laisse également une place importante à Los Angeles dans ses dialogues. La ville est une référence constante et les personnages reflètent les réalités culturelles et sociales qui sont propres aux pratiques qu'on y observe. Tout d'abord, l'histoire de la ville et de plusieurs de ses lieux emblématiques est fréquemment mentionnée. Ell et Justine racontent s'être rencontrées au Café Formosa, haut lieu de Santa Monica Boulevard, bien connu pour avoir accueilli dans les années 30 gangsters et vendeurs d'alcool. Yasmin, quant à elle, a fait la connaissance des autres membres du groupe lors d'une soirée organisée sur

8    Voir Lunenfeld Peter, *City at the Edge of Forever, op. cit.*

le toit du Chateau Marmont, hôtel et bar prestigieux de West Hollywood, situé sur la portion de Sunset Boulevard nommée Sunset Strip. Ell précise aussi avoir habité à Miracle Mile, un quartier fameux, où elle vivait dans un studio ayant appartenu au cousin de Cecil B. DeMille[9], clin d'œil aux conversations fréquentes dans la ville sur les célébrités et leurs préférences en matière d'immobilier. Plus tard dans le récit, le mari d'Anne, en villé-giature downtown, s'apprête à accompagner son fils déjeuner chez Bottega Louie, à l'angle de la septième rue et de Grand avenue, un bistrot célèbre du quartier. Enfin, lors d'une fête pour laquelle Justine est embauchée en tant que traiteur, une invitée de marque, Madonna, est attendue. Une rumeur annonce son arrivée ; elle s'engagerait sur Mulholland Drive[10]... Ces lieux, réels, connotés et connus de tous à Los Angeles, s'ancrent dans les conversations et marquent le spectateur qui peut ainsi visualiser les déambulations des personnages dans l'espace.

Ensuite, à côté de la mention régulière de ce qu'on pourrait considérer comme des « *landmarks* », l'immobilier et les déménagements des protago-nistes de part et d'autre de la ville sont au cœur des discussions. Comme New York, Los Angeles est une ville où l'accès à la propriété et la difficulté de trouver logements et locations sont fréquemment évoqués et *On the Verge* n'échappe pas à la règle. Le quartier de Justine, Mar Vista, est en pleine reconversion. Une gigantesque maison en bois (une *McMansion*) est en construction dans son pâté de maison, ce qui, selon Will, le mari de Yasmin, va accorder de la valeur à sa propriété. Mar Vista est d'ailleurs un quartier en plein boum, alors, explique Justine, que personne ne voulait y habiter quand elle a fait l'acquisition de sa demeure quelques années plus tôt. Venice, en revanche est mentionné plusieurs fois comme un quartier sur le déclin. Anne, qui a fait construire une piscine sur sa propriété pour faire plaisir à sa mère, rappelle la condition précaire du sol dans son quartier de canaux, laquelle rend difficile et très couteuse les constructions et rénovations. Will rappelle que la valeur de sa maison à Venice a baissé de dix pour cent depuis qu'ils en ont fait l'acquisition. Le problème de Venice, explique-t-il à un couple français invité chez Justine, est la multiplication dans le quartier des personnes sans-abri.

9    Cecil B. DeMille est un réalisateur et producteur de cinéma américain né en 1881. Il a notamment réalisé en 1956 *Les Dix commandements*.
10   Mulholland Drive est une route de 55 miles qui connecte les collines de Hollywood à Malibu. La route a donné son nom à un film de David Lynch sorti en 2001.

## LOS ANGELES ET LA CRISE SOCIALE

Lorsque Julie Delpy tourne *On the Verge*, la population sans-abri dans le comté de Los Angeles vient d'atteindre 69 150 personnes. Entre 2018 et 2020, le nombre de sans-domicile-fixes a augmenté de 25,9 % et la crise du coronavirus a continué de faire exploser ce chiffre[11]. Dans la ville, plusieurs quartiers sont connus pour accueillir cette population. Il y a d'abord l'enclave de Skid Row, dans Downtown, où les habitants sans-abri sont gardés en « rétention », terme officiellement utilisé par la municipalité, comme nous le rappelle Mike Davis[12]. Dans les années 1980, lorsque l'administration Reagan met un terme à plusieurs subventions dont bénéficiaient les hôpitaux de la ville, des centaines de patients se retrouvent à la rue, venant gonfler le contingent de sans-abris. Ceux-ci s'installent d'abord dans des bâtiments désaffectés, avant de s'établir dans l'enclave de Skid Row, un village de tentes et de cartons qui s'étire sur un périmètre de cinquante pâtés de maison et qui en 1996 fut labellisé « zones de repos » donnant de fait l'autorisation de s'y installer.

À côté de Skid Row, Venice voit également se multiplier les campements et les tentes, sur les trottoirs et surtout dans les parcs. Le quartier possède l'avantage de mettre des douches à disposition sur les plages, facilités que peuvent utiliser les populations sans-abri. Par ailleurs, le caractère balnéaire du secteur facilite le développement historique d'une économie parallèle faite de vente de petits objets fabriqués maison, créés parfois par des artistes eux-mêmes sans domicile. Dans certaines de ses avenues, Venice est enfin un secteur où se multiplient les caravanes, souvent habitées par quatre ou cinq personnes et parmi elles de nombreux étudiants.

Dans *On the Verge*, la crise sociale qui caractérise Los Angeles et qui fait de la cité la deuxième ville derrière New York en termes de population sans-abri est palpable à de nombreuses instances. Dès le premier épisode, alors que les quatre personnages principaux se retrouvent face

---

11  Levin Sam, « Los Angeles is home to more than 69,000 unhoused people », *The Guardian*, 8 septembre 2022.

12  Voir Davis Mike, *Au-delà de Blade Runner. Los Angeles et l'imagination du désastre*, Paris, Allia, 1998.

à la mer pour deviser ensemble, elles rencontrent un homme démuni qui s'interpose entre elles et l'océan. La scène rend compte de l'humour provocateur de Julie Delpy. Les quatre femmes se pâment devant la beauté du ciel alors que l'homme passant devant elle se baisse dévoilant ainsi le haut de son postérieur. Les quatre amies éclatent de rire mais tout le contraste qui fait la ville est là. Beauté et douceur contre pauvreté et misère. Air de vacances contre âpreté de la vie urbaine. Un peu plus tôt dans l'épisode, Justine qui est en voiture avec son fils, offre les bonbons ramenés par Albert de l'école à un jeune homme qui fait la manche sur le bas-côté. Alors qu'elle lui tend le paquet, croyant bon de préciser que ces friandises sont bio, le jeune homme la fixe et s'écrit : « Le monde est foutu ». S'ensuit une vive conversation entre Justine et Albert au cours de laquelle l'enfant comprend les disparités sociales de sa ville. « Le monde est foutu, lui explique sa mère, mais pas pour nous. Nous sommes les gens heureux, ceux qui ont de la chance. »

Dans les conversations des personnages, l'ombre de la population la plus démunie de la ville plane sans cesse. S'opposent d'abord ceux qui redoutent cette population de parias, le mari de Yasmin, le banquier d'Anne, et ceux qui l'acceptent et réagissent ouvertement aux propos désobligeants la concernant. Yasmin explique à son enfant les antagonismes sociaux qui touchent la ville. Elle se reprend sans cesse lorsqu'elle utilise le terme anglais *de homeless* (sans maison, SDF) auquel elle préfère celui de *unhoused* (non-logé)[13]. En outre, lorsque Justine s'inquiète de la visite organisée par l'école d'Albert dans un foyer accueillant des personnes sans-abri « – n'est-ce pas un peu dangereux ? Ces gens sont quand même un peu fous ! » –, Albert la met face à ses préjugés et lui demande de ne jamais tenir de tels propos face au personnel et aux élèves de son collège. Enfin, chez plusieurs personnages de la série, se manifeste l'idée d'une frontière infime entre leur vie confortable et la situation des personnes sans-abri. Justine toujours, alors qu'elle répond à une question d'Albert l'interrogeant sur leurs origines raciales – Sommes-nous vraiment et seulement blancs ? – lui explique que le confort dont il bénéficie vient surtout du fait qu'elle travaille. Martin, son époux, n'a pas d'emploi. « Si je perds mon travail demain, nous perdons tout, lui

---

13   Depuis quelques années, le terme *unhoused* est favorisé par les activistes. Moins péjoratifs que *homeless*, il ne se construit pas sur la base du suffixe « *less* », moins, qui introduit un rapport d'infériorité.

annonce-t-elle, même notre maison. ». Ce spectre de la précarité plane aussi sur les épaules d'Ell, qui peine à joindre les deux bouts, et dont l'un des ex-compagnons vient planter sa tente chez elle, ne pouvant plus, lui non plus, subvenir à ses besoins.

Au fil de la série, la figure du sans-abri est également incarnée par un personnage : Adam, l'amant d'Anne. Autour de lui se développe une vision plus romantique et romanesque de cette réalité sociale, s'inscrivant davantage dans la continuité et le cliché du libre vagabond du XIXᵉ siècle. La première fois qu'Anne croise Adam, il déambule à travers un magasin bio. La seconde fois, il est perché sur un surf sur la plage de Venice et les deux devisent sur leur rapport à l'océan. La troisième fois, alors qu'Anne a enfin accepté son invitation dans une galerie du quartier – Venice possède de nombreuses galeries d'art – il refuse de prendre un Uber : « Pourquoi ne marcherions-nous pas ? ». Adam est un adepte du minimalisme, philosophie sur laquelle il a écrit un ouvrage. Dans une ville, où les mouvements new age et les fidèles du développement personnel sont légion[14], il est un auteur qui inspire et qui bientôt fascinera Anne. Celle-ci se prend d'affection pour lui et c'est après avoir passé une nuit à ses côtés qu'elle lui demande finalement où il habite et qu'elle comprend qu'il n'a pas de domicile.

Au sortir de la galerie, lorsqu'Adam propose à Anne de marcher, celle-ci s'affiche inquiète. « Ce n'est pas très bien fréquenté. », se plaint-elle. Mais pour l'aider à surmonter ses craintes, Adam la déguise, plaçant son bonnet sur sa tête pour recouvrir sa chevelure blonde. Ce déguisement est une première étape dans son émancipation. Bientôt Anne saura renoncer à son mari, qu'elle entretient comme son fils, renoncer aux deniers de sa mère, et adopter elle aussi une forme de minimalisme, bien que maintenue dans une configuration bourgeoise. Dans sa vie, la libération commence donc par l'acte de marcher et par celui de contempler lentement et dans la délectation la ville qui s'étend devant elle et qu'elle s'apprête à embrasser. La caméra la suit et son sourire fait écho aux lumières qui défilent devant elle.

Avec *On the Verge*, la crise sociale que traverse Los Angeles et qui est visible pour toute personne y séjournant, informe la vie des personnages. Il n'y a pas de mur entre leur vie, aisée pour certains, très aisée pour

---

14   Sur la multiplication des groupes religieux et sur l'importance des théories du développement personnel dans la ville, voir Baldwin Rosecrans, *Everything Now*, *op. cit.*

d'autres, et les populations les plus démunies de la ville. Si les dichoto-mies sociales sont bien existantes et persistantes, le basculement d'une catégorie à l'autre est envisagé et le mode de vie charrié par l'absence de domicile existe comme un référent, dans un mélange de frayeur et de romantisme. La tension est sur le fil. Los Angeles est au bord de la crise sociale, et de jours en jours, elle s'enlise davantage dans la misère. Un récent sondage donnait ce chiffre dramatique : dans la ville, tous les mois, 13 000 personnes perdent leur logement et viennent renforcer le contingent d'individus vivant dans les rues, dans les parcs, dans des tentes et des caravanes et, pour un petit nombre d'entre eux seulement, dans des foyers financés par le comté[15].

## LOS ANGELES ET LA CRISE CLIMATIQUE

En 1993, l'écrivaine américaine Octavia E. Butler publie *La Parabole du semeur*[16]. Ouvrage de science-fiction, celui-ci raconte les errances d'une série de personnages dans une Californie postapocalyptique. Nous sommes en 2024, la société américaine est en décrépitude, frappée dans le vif par la misère et le changement climatique. Les propriétés sont détruites, les humains sont réduits au statut de nomades sans domicile fixe, et une nouvelle drogue pousse ses consommateurs à la pyromanie. Les incendies se multiplient et les confrontations violentes qui opposent les survivants mènent à la mort et à la mutilation. Dans ce chaos, une jeune adolescente, Lauren, est atteint d'hyperempathie, la capacité de ressentir dans son corps les émotions des autres. Elle s'entoure d'un groupe de résistants qui formeront à ses côtés une communauté, empreinte de mysticisme, qu'elle nomme « Semence de la terre ».

Dans le livre, si l'ensemble de la Californie est à feu et à sang, c'est Los Angeles qui par excellence fait figure de métropole en péril. Lorsque le groupe de protagonistes remonte la côte vers le Nord, avec pour objectif la région nord-ouest de l'Oregon, Lauren ose à peine évoquer

---

15    Voir le documentaire *On The Streets. A Feature Documentary on Homelessness in L.A.*, produit par le *Los Angeles Times* en 2016.
16    Voir Butler Octavia E., *La Parabole du semeur*, Vauvert, Au diable Vauvert, 2020

ses origines dans la région de Los Angeles. Les ressortissants de la cité des anges font peur. Ils sont les plus violents, les plus imprévisibles, les plus dangereux, n'hésitant pas à compromettre la survie de leurs compagnons. Au cinéma, dans les films catastrophes, la ville a souvent été montrée comme frappée par le chaos. Octavia Butler en fait, elle, un archétype de la destruction à venir du monde, une ville pionnière, en feu pour l'éternité.

Plus récemment, dans son merveilleux livre consacré à la bibliothèque centrale de Los Angeles, elle-même victime d'un incendie dramatique en 1986, Susan Orlean explique à quel point le rapport au feu et à l'éventualité d'un embrasement est constitutif de son expérience de Los Angeles. « J'habitais à Los Angeles depuis quatre ans. Jusque-là, le feu n'avait pas occupé mes pensées. Je savais désormais qu'il rodait partout et que je devais écraser la moindre braise ou étincelle… En Californie, les gens sursautent au moindre signe de feu[17]. » Cette conscience d'un danger constant causé par le feu s'accompagne d'une peur du tremblement de terre, le fameux Big One, qui viendrait détruire une partie de la Californie. Là encore, la ville est au bord de la catastrophe, sur le point de disparaître. Une ville qui n'aurait pas dû exister, élaborée grâce aux infrastructures conçues par l'ingénieur William Mulholland pour mener de l'eau dans la vallée qui l'abrite, Los Angeles est un mirage frêle, victime des rages potentielles de la nature.

Ainsi, il n'est pas anodin que lorsqu'elle évoque son amour pour Los Angeles, Julie Delpy mentionne immédiatement la nature, la végétation. Celle-ci est effectivement présente partout, aussi bien dans le cœur de la ville, où les avenues et les autoroutes sont bordées de palmiers et d'eucalyptus, une nature luxuriante tantôt manucurée, tantôt laissée à son libre cours, que dans ses environs. Le comté de Los Angeles comprend plusieurs canyons, et une promenade entre l'observatoire Griffith qui domine la ville et le quartier de Los Feliz mène le visiteur dans des sentiers de randonnée à la terre brune flamboyante où se côtoient pins méditerranéens, cactus et coyotes. Le rapport à la nature est immédiat et celui à l'eau l'est tout autant. Dans le pilote de la série, Yasmin, en pleine crise existentielle, annonce à Anne vouloir se recueillir près de la nature. Elle fonce en voiture vers l'océan où elle tente de se ressourcer en fixant la mer. Plus tard dans le récit, après avoir laissé son mari et

---

17   Voir Orlean Susan, *L.A. Bibliothèque*, Paris, Les Éditions du sous-sol, 2018.

son fils dans leur nouvel appartement, Anne se rend aussi au bord de l'océan. Elle a rappelé à son époux que downtown, où il vit désormais, avec tous ses avantages urbains, n'offre pas d'accès à la mer, et elle se précipite à proximité de l'eau pour oublier ses tracas. C'est lors de cette scène qu'elle retrouve par hasard Adam. Elle lui raconte son affection pour l'océan tout en reconnaissant ne pas être encline à la spiritualité. Toutefois, c'est ainsi, assise devant le Pacifique qu'elle acquiert la sensation d'être bien vivante et de prendre part à un tout, une humanité physique et sensible.

Deux épisodes importants de la série mènent l'ensemble des personnages à l'extérieur des zones urbanisées de Los Angeles. Lors d'une randonnée filmée dans l'épisode 4, les femmes arpentent des sentiers, évoquant le temps qui passe et leurs relations de couple. Devant elles, leurs enfants courent sur un tronc d'arbre et s'amusent avec des lapins sauvages. Le décalage entre leur conversation et celle de leurs mères est édifiant. Triviale chez leurs aînées, elle est emplie d'une conscience du délitement du monde chez les plus jeunes. « Les abeilles meurent, les pingouins meurent et tout le monde devient fou, affirme l'un d'entre eux. » « Je déteste le fait qu'ils nous ont tout détruit, ajoute un autre. Je crois que nous allons devoir mourir pour que la planète puisse s'en remettre ». Ce pessimisme informe leur comportement et leur regard sur la ville qui les entoure. Leur quotidien est celui d'écoliers qui, comme montré dans l'épisode 6, doivent se préparer pour les multiples agressions dont ils pourraient être les victimes : étudiant armé, incendie, inondations et tremblements de terre.

Deuxième épisode qui fait sortir le spectateur des quartiers de Venice et Santa Monica, celui qui conclut la série. Nous sommes alors dans l'arrière-pays de la ville, dans des montagnes au climat aride. C'est l'anniversaire d'Orion, le fils de Yasmin et Will, et celui-ci a choisi de le célébrer avec un combat de paintball. Les enfants et les parents sont présents et ces deux équipes vont s'affronter. Le décor reproduit celui d'une zone de guerre faite de bunkers et de bâtiments démembrés et désaffectés au milieu du désert. Les personnages se battent, et la première séquence de la série fait dorénavant sens. Il s'agit bel et bien d'un jeu, et non d'une scène de guerre. Au retour de l'expédition paintball, l'ensemble des personnages de la série est rassemblé dans un bus qui les mène vers Venice. Chaque couple est assis ensemble. Les enfants sont au fond du véhicule. Certaines relations vont s'y ressouder (Ell et son ex-partenaire), d'autres vont prendre fin (Anne et son mari, Justine et Martin). Le dernier plan de la série montre alors l'autocar qui file sur une autoroute désertique. La caméra fixe le car puis effectue un léger mouvement vers le bas-côté. Là une fleur jaune s'impose par-delà la sécheresse, malgré la pollution qui détruit la région. Le générique défile et la musique qui l'accompagne n'est autre que le titre « Livin' Thing », entendre « Chose vivante » du groupe ELO. « J'ai adoré mettre en scène ce dernier plan de *On the Verge*, raconte Julie Delpy sur Instagram le 14 novembre 2021, alors qu'elle montre une photo de la fin du tournage. Le désert, le coucher du soleil ! Je suis allée chercher une petite fleur du désert que j'ai réussi à coincer dans les craquelures de la route… tout est dans le détail. »

Sur ce même réseau social, la réalisatrice insiste fréquemment sur la menace qui pèse sur Los Angeles et sur la catastrophe écologique à laquelle la cité et ses exubérances ne cessent de participer. Plus tôt, le 7 septembre 2020, elle accompagnait une photo d'un coucher de soleil rutilant des mots suivants : « Un coucher de soleil qui fait peur. La pollution de l'air est dans le rouge vif à Los Angeles. Les enfants et les adultes les plus âgés devraient rester à la maison. Plus de 4 millions de personnes meurent tous les ans à cause de la pollution de l'air. Los Angeles, triste et enfumée ».

## LOS ANGELES ET LA CRISE SANITAIRE

*On the Verge* se construit comme un compte à rebours. La série s'ouvre avec une scène de guerre que l'on peut interpréter correctement lors du dernier épisode : une séance de paintball. Lors du premier épisode un carton indique : « près de deux mois plus tôt ». D'entrée de jeu, le spectateur sait donc qu'une série d'événements capitaux vont se développer pendant cette période. Une situation va se déliter et se métamorphoser. Le quotidien des personnages sera touché, leur vie amoureuse, sociale et professionnelle et aussi, au bout du compte, le destin de l'ensemble de l'humanité.

*On the Verge* a été tourné entre août et novembre 2020, c'est-à-dire entre les première et deuxième vagues de la pandémie du coronavirus. Le tournage de la série a été repoussé de trois mois du fait des conditions sanitaires et la production a dû s'accommoder des réalités du moment. Les acteurs qui ont participé sont tous des locaux, tous habitants de Los Angeles, et la distribution des rôles a été effectué en ligne, du fait des politiques de distanciation sociale imposées par le gouvernement américain et par la municipalité. Il a donc fallu parfois aller au plus simple pour ne pas avoir à faire venir sur le plateau des individus risquant d'être contaminés. C'est ainsi que le personnage de la voisine de Yasmin finit par être interprétée par Marissa Ribisi, la sœur jumelle de Giovanni Ribisi, lequel tient un rôle récurrent, celui du gérant du restaurant de Justine, tout au long du récit. C'est aussi en grande partie à cause du contexte du coronavirus, que Julie Delpy finira par interpréter elle-même le caméo de star que son personnage, Justine accueille au restaurant. Si personne ne peut venir rendre visite à l'équipe, c'est elle qui endossera cette responsabilité jouant dans la scène deux rôles : une Julie Delpy agaçante et méprisante et une Justine mal à l'aise et timide. « Dernière semaine de tournage dans la guerre atomique du Covid 19, écrit Mathieu Demy sur Instagram, en légende d'une photo qui le montre aux côtés de Julie Delpy en tenue de paintball. Clap de fin pour On the Verge, la géniale série de Julie Delpy ».

Progressivement, dans les dernières séances d'écriture et au cours du tournage, la pandémie s'invite dans les dialogues et au cœur de l'intrigue. Le défilé du temps est repensé et Julie Delpy décide d'achever la série avec l'annonce du premier décès aux États-Unis d'un malade atteint de covid-19. Lorsque l'autobus qui ramène la troupe à Los Angeles file dans la nature, une voix off de présentateur de radio vient d'annoncer la multiplication des malades. Les personnages se précipitent donc vers un futur que nous avons tous vécu, fait de confinement, de masques, de gel sanitaire et de nombreuses disparitions. Le laps de deux mois évoqués dans l'incipit faisait donc bien référence à ceci. Un compte à rebours lancé jusqu'au début de la pandémie, pendant lesquels les personnages sont la plupart du temps peu conscients du danger qui les attend et parfois timidement prévoyants, quitte à en être ridicules. Martin évoque la maladie. Il demande à Justine de faire des stocks de papiers toilette qu'elle entasse dans son bureau. L'effet comique est assuré.

Lui procrastine dans un vaste bureau éclairé par la lumière naturelle du soleil, elle travaille d'arrache-pied au milieu des rouleaux de papiers toilette. Lorsque Justine part quelques jours à San Francisco, il lui remet du gel sanitaire et l'invite à nettoyer la ceinture de sécurité de l'avion avant de la fixer autour de son ventre. Quand l'annonce sera faite à la radio et que le coronavirus aura touché la Californie avec un premier décès, Martin se félicitera de sa perspicacité. « Qui c'est qui parle de corona ? Depuis un mois ! »

Autres signes avant-coureurs de la pandémie, dans l'épisode 9, Adam tente de stimuler son système immunitaire pour résister au virus. Plus tard, dans le dernier épisode, Yasmin se voit conseiller par un de ses collègues espions de se préparer pour les mois à venir. Celui-ci lui annonce la fin de sa mission et lui conseille, avant de la laisser partir, de faire le plein de gel sanitaire, de pâtes, de papiers toilette et de produits d'entretien. Yasmin ne comprend pas l'allusion et claque la porte furieuse : « Tu me dis d'aller faire les courses, de nettoyer ma maison ! Vous êtes tous les mêmes. Au bout du compte, nous ne serons toujours que des femmes au foyer à vos yeux ! ».

*On the Verge* s'achève donc par une crise mondiale que les personnages sont plus ou moins prêts à affronter. La crise permanente qui frappe Los Angeles, une ville touchée par la misère et la crise sociale, une ville au cœur des questions environnementales contemporaines, victime d'une pollution qu'elle ne cesse de créer et d'alimenter, s'étend donc sur l'ensemble de la planète. La cité devient la mégapole d'un monde uni autour d'une pandémie qui le touche dans sa totalité. Ville catastrophe pionnière chez Octavia E. Butler, Los Angeles endosse aussi ce rôle chez Julie Delpy. Elle avance en éclaireur dans une planète qui se délite.

Pauline GUEDJ

# SQUID GAME

## Effroyable symétrie

*Squid game*, c'est un jeu. Un jeu du calamar qui égaie les après-midis des petits Coréens, où tous les coups sont permis pour parvenir au rond tracé sur le sol, symbole de la tête de l'amphibien et de victoire. Dans la série éponyme (*Ojing-eo geim*) produite au Pays du Matin calme et diffusée sur Netflix, il est le grand final de six épreuves adaptées de jeux pour enfants où 456 adultes s'affrontent pour remporter 45,6 milliards de wons (environ 33 millions d'euros). De fait, le *squid game* donne aussi son nom au concours. Pour le gagnant c'est l'occasion d'accéder à une nouvelle vie, car comme ses concurrents il est empêtré dans les difficultés financières. Pour les éliminés, l'organisation du Squid Game prévoit 455 cercueils, chacune des six épreuves s'avérant mortelle. Des jeux du cirque, modernes et coréens, que des ultra-riches internationaux financent afin de se divertir. Si cette trame s'inscrit dans le micro genre initié par *Battle Royale* en 2000, la série de Hwang Dong-hyuk se différencie néanmoins du film de Kinji Fukasaku et de sa variation américaine *Hunger Games*[1] car elle n'ancre pas le concept dans une dystopie. Hwang Dong-hyuk convoque à la place une société sud-coréenne d'apparence actuelle et commune en grande part à celles d'autres pays développés. Sans monde totalitaire pour justifier l'injustifiable, le créateur prête à ce décors familier des traits délétères qui, s'ils demeurent discrets dans le champ public, sont tels des graines germant dans l'horreur caché et décomplexé du concours. *Squid Game* narre de la sorte un monde double dont les parties symétriques ne diffèrent qu'en intensité. Au fil de la saison 2021 (pour l'instant unique), le procédé sert la vision d'une humanité en souffrance, d'une synthèse effrayante de démocratie et de dictature et d'une hypertrophie du signe.

---

1   *The Hunger Games*, tétralogie de films réalisés entre 2012 et 2015.

## INHUMANITÉS

Le versant horrifique de la série fait irruption à la fin du premier épisode où une centaine de concurrents échouent à passer la première épreuve : un 1,2,3 Soleil animé par une poupée robot géante. À chaque fois qu'elle se retourne, tout mouvement interdit est sanctionné d'une exécution pour les fautifs, plongeant dans l'effroi les participants qui ignorent à ce stade la létalité du Squid Game. L'épreuve dépasse alors le simple jeu puisqu'il se détermine justement par une absence de conséquence : « condamné à ne rien fonder ni produire, car il est dans son essence d'annuler ses résultats[2] », selon la formule de Roger Caillois. Outre ce couperet fatal, le ludique est perverti car les candidats doivent préparer les tours (définir des équipes, choisir un ordre de passage, etc.) sans en connaître à l'avance le principe. Pour ceux qui n'anticipaient pas l'importance de la force au moment de se regrouper, l'annonce d'un tir à la corde sonne ainsi comme le glas. Dans ces conditions les participants pétrifiés de peur ne s'amusent pas, a contrario des spectateurs exaltés du Squid Game, ce qui produit une nouvelle subversion du jeu. Celle-ci n'est pas neutre puisque le jeu a une valeur anthropologique majeure et ne s'observe d'ailleurs que chez les animaux évolués.

Ici le choix de Hwang Dong-hyuk de contextualiser *Squid Game* dans le contemporain prend toute son ampleur, car si le concours macabre s'attaque au jeu, et donc à l'humanité de ses protagonistes, il n'est que le miroir révélateur de la société. Ceci explique la caractérisation du personnage central, Seong Gi-hun, individu déchiré entre ses valeurs et sa course au gain durant la saison. Basiquement il est un *raté* tout à fait commun : chauffeur sans-le-sou, endetté, vivant au crochet de sa mère, il est aussi divorcé sans la garde de sa fille. Mais ces éléments sont satellites à son rapport au jeu, force motrice et mauvaise de son existence. L'argent qu'il vole à sa mère, il le mise aux courses malgré sa dette auprès de mafieux et l'anniversaire de sa fille. Les 10 000 wons qui lui restent en poche, il les joue à une machine à pinces, bien connue des fêtes foraines. Et se voit contraint de partager avec son enfant un triste

---

2    *Les Jeux et les hommes. Le masque et le vertige*, éd. revue et augmentée, Paris, Gallimard, coll. « Folio essais », 1992, p. 24.

repas d'anniversaire dans une gargote, après lui avoir promis un festin. En fait Gi-hun est joueur au lieu d'être responsable et ne s'amuse pas avec sa fille quand il le devrait. Cette inversion du jeu le mène à perdre la petite qui part aux États-Unis car il ne peut assumer sa garde, et met en danger sa mère que les ponctions d'argent du flambeur privent de soins médicaux. Ni père, ni fils, Gi-hun sacrifie à sa passion dévoyée sa part d'Homme.

Autre coup de boutoir porté par *Squid Game* à l'humanité, c'est avec cruauté que les candidats doivent nouer des relations destinées à s'anéantir. Le principe est particulièrement affirmé lors d'une succession de deux épreuves. Pour l'une les candidats se groupent par dix afin d'affronter une équipe adverse, ce qui représente pour les vainqueurs une expérience forte et unificatrice. Le tour suivant les déconcerte donc de prime abord car ils doivent cette fois évoluer en duo, avec la perspective d'affronter d'anciens alliés. Cependant la véritable déchirure survient quand les associés sont informés qu'ils doivent se combattre et condamner par une victoire leur binôme à la mort. Un mari et sa femme sont par exemple pris à ce piège et aucun des deux n'en réchappe au final, le gagnant rongé de culpabilité préférant se pendre que continuer seul. Au diapason du tournoi, l'ultime épreuve tient donc de l'accomplissement funèbre puisqu'elle porte pour enjeu, autant que les 45,6 milliards de wons, l'humanité de deux amis d'enfance qui doivent s'entretuer. Mais *Squid Game* le démontre à nouveau à travers ces relations broyées, la folie de la compétition n'est que l'exacerbation d'une société pathologique. En l'occurrence fortement désunie, comme lorsque le personnage principal Seong Gi-hun met en danger sa mère et ne peut obtenir de garde pour sa fille. Dans la série, ce type de rupture familiale est commun à la majorité des personnages dont la vie est connue. Kang Sae-byeok, une Nord-coréenne, a perdu sa famille en traversant la frontière. Cho Sang-woo, l'ami d'enfance de Gi-hun, fait de son côté croire à sa mère qu'il réside aux États-Unis car il a détourné des fonds. Ali Abdul, immigré en conflit avec son employeur, renvoie au Pakistan son épouse et son enfant afin de les protéger. Quant à Ji-Yeong, elle tua son père, lui-même étant l'assassin de la mère de la jeune femme. Comme le résume Cho Sang-woo sur cette dérive des relations interpersonnelles, tout autant que sur celle du jeu : « Quand on était enfants, on jouait pour s'amuser, et nos mères nous appelaient pour le dîner. Mais on est seuls, maintenant. »

## UNE *DÉMOCRATIE TOTALITAIRE*

Si l'univers de *Squid Game* n'est pas une dystopie, ses atteintes anthropologiques sont les colonnes qui supportent un édifice composite, à la fois démocratique et oppressif. Forte de cette dualité, la série sidère par sa subversion lorsqu'elle montre que les candidats peuvent quitter la compétition si plus d'une moitié le décide. Quand elle le veut ! L'épisode 2 s'ouvre ainsi sur un vote qui choisit à une courte majorité que le concours s'arrête. Puis une fois les inscrits de retour à leurs difficultés quotidiennes, c'est de leur plein gré que la plupart d'entre eux reviennent risquer leur peau. La clause de décision majoritaire figure sur un contrat signé le premier jour, conférant au Squid Game un aspect juridique imbriqué à son autoritarisme meurtrier. Pour compléter ces bons principes, l'organisation insiste à plusieurs reprises sur l'impératif égalitaire des épreuves. Un discours de l'Agent en est un édifiant plaidoyer : « Ici, les joueurs jouent à la loyale dans les mêmes conditions. Ces gens ont souffert de l'inégalité et de la discrimination du monde, et nous leur donnons une dernière chance de se battre à la loyale. » Sombre relief, les deux faces de la démocratie et de l'oppression se complètent par le capitalisme radical puisque le gain du concours est réservé à un unique gagnant. Sur cet aspect, l'effet miroir avec la société concocté par Hwang Dong-hyuk se révèle à l'ultime épisode quand Seong Gi-hun, revenu au monde « normal » brisé par sa victoire, est dans un salon de coiffure. Des informations y relatent que la dette des ménages a augmenté après que le gouvernement a assoupli les règles de crédit. Or une scène auparavant, Gi-hun a la révélation d'Oh Il-nam, le maître du Squid Game, qu'il a fait fortune en prêtant de l'argent. Les deux côtés de la barrière s'en trouvent assimilés : dans la démocratie de Corée du Sud également, la monnaie se concentre au profit d'une minorité.

Symétrique entre l'île de la compétition et la société coréenne, la *démocratie totalitaire* de *Squid Game* l'est en tout endroit de la saison. Ce à quoi participe le recrutement des candidats, toujours situé dans un lieu public pour marquer sa légitimité sociale. Pourtant les pauvres sélectionnés y endurent gifle après gifle à force de perdre au jeu qui leur est proposé sans émouvoir les passants. La joue meurtrie, ils finissent par gagner 100 000 wons et une invitation au concours dont ils viennent de subir, avec leur plein accord, une version atténuée. Les deux confrontations entre Seong Gi-hun et Oh Il-nam tiennent aussi de déclinaisons d'un même évènement. Au quatrième tour le duo s'affronte, mêlant la quête d'argent à la mort pour la satisfaction des spectateurs VIP. La péripétie connaît sa réplique lorsque les personnages se retrouvent dans un immeuble sur le continent. Gi-hun parie son gain arraché de haute lutte pour tuer le vieil homme. Toujours l'argent et la mort, et Gi-hun, dont la haine pour Oh Il-nam l'aveugle, ne se rend même pas compte à cet instant que parier sur la vie d'un sans-abri, qu'il regarde derrière une vitre, le met dans la position abusive du public sur l'île. Le créateur Hwang Dong-hyuk pousse à cet instant la ressemblance jusqu'à minuter le pari, comme le sont la majorité des épreuves de la compétition. Au bout de la scène, la mort de l'ultra-riche Oh Il-nam le symbolise en roi dans l'ombre de la société coréenne. En haut d'une tour où la ville se reflète, et lui anonyme, à l'image de son statut de maître du Squid Game. L'individu qui ferme les yeux au vieil homme, l'Agent, est comme lui des deux mondes. Grand intendant du concours, formé aux métiers des forces de l'ordre (sa connaissance de la balistique et son maniement des armes l'attestent), il est disparu pour son jeune frère. Le fait que ce dernier soit un policier façonne un premier élément de symétrie, auquel s'ajoute le rein que l'aîné donna au cadet. De même lors de leur confrontation, l'un tire sur le côté gauche de la poitrine de l'autre, et l'autre tire sur le côté droit de la poitrine de l'un. Enfin, après que l'Agent tue son frère, la scène où il observe dans une glace les traits du jeune homme en place des siens confirme la gémellité des deux personnages. Un être double d'un univers qui l'est tout autant.

## LE SIGNE

Un aspect de *Squid Game* s'impose par sa puissance visuelle et c'est justement sa raison d'être : le signe. Réunion d'un signifiant et d'un signifié, le signe est la particule élémentaire de toute communication. Hwang Dong-hyuk le met en exergue à chaque début d'épisode en

agrégeant les rond, triangle et carré du jeu du calamar à la typographie
du titre de la série. Une préséance pas seulement temporelle puisque le
signe catalyse d'autres problématiques de *Squid Game*. Ainsi pour les
jeux qui inspirent les épreuves : au deuxième tour les candidats doivent
extraire une figure d'un gâteau sans la casser, au cinquième leur choix
d'un dossard numéroté est primordial, et le final repose quant à lui sur
le tracé symbolique du calamar. Évidemment, le signe saute aux yeux
pour son omniprésence dans les relations humaines sur l'île. Les joueurs
ont un numéro attribué par l'organisation et ne sont désignés qu'à travers
lui. Il en va de même pour les agents en combinaisons fuchsias, qui en
plus sont catégorisés en formes géométriques. Véritables sceaux sur leur
identité, ces hommes ne se résument plus qu'à un chiffre et une figure,
toute information personnelle ou révélation de leur visage étant interdite.
L'efficience de ce type de procédé est bien connue depuis le *1984* d'Orwell
et sa novlangue, car maîtriser les représentations des individus signifie
maîtriser leur existence. Par conséquent, lorsqu'un agent triangle tue à
bout portant un participant vaincu, il ne fait qu'éliminer un numéro
de la liste, rien de plus. Surtout que les ronds, triangles et carrés, en
convoquant le monde vidéoludique de la Playstation, accentuent la vir-
tualité de son environnement. *Squid Game* cultive cet héritage irréel avec
certains décors d'épreuves ouvertement factices, ses couloirs et escaliers
qui rappellent les Legos, où un plancher écran avec ses alvéoles dédiées
aux candidats, qui s'éteignent en cas d'élimination. Parfois animé du
standard *Fly Me to the Moon* (dont le thème induit déjà une coupure avec
la réalité), le théâtre de poupées des appartements de l'Agent procède
de la même injonction virtuelle.

Et néanmoins, aussi puissant soit le signe sur l'île de la compétition,
il n'est encore une fois qu'une projection de la société, ce que la scène
entre Seong Gi-hun et Oh Il-nam révèle au dernier épisode. Variation
moderne du roi Midas, le vieil homme raconte comment il a perdu
goût à la vie à force de s'enrichir. Un cumul si vertigineux de signes
monétaires qu'il est devenu virtuel et a ôté toute consistance à son quotidien. Comme le toucher de Midas change les bonnes choses de la vie
en un or omniprésent qui n'a plus aucun sens. Ce mirage pernicieux,
Oh Il-nam l'a transposé avec les autres fondateurs du Squid Game de
l'autre côté du miroir, y emportant les aspects déshumanisés de la société
qui, à leur échelle, prennent les traits monstrueux des transgressions du

concours. Transgressions qui dorénavant, à l'égal des meurtres codifiés d'un tueur en série impuissant, sont seules à même de leur donner du plaisir. Un ventripotent magnat exige ainsi d'un serviteur (en fait le policier infiltré) de le satisfaire durant le spectacle d'une épreuve, qui ne l'intéresse même plus à la perspective d'un viol. Le fait que le *tycoon* pervers soit masqué, comme ses congénères, est une évidente référence aux orgies des puissants d'*Eyes Wide Shut* de Kubrick. Un si petit monde de nantis se connaît pourtant très bien dans les deux œuvres, mais enfouir son identité sous un masque permet d'accomplir les jouissives transgressions. Coupables, les instigateurs du Squid Game sont donc aussi un peu victimes, n'ayant plus accès aux plaisirs simples de la vie et à de saines relations humaines. Condamnés à porter un masque, au propre comme au figuré. De la sorte aliéné au signe, Oh Il-nam perd la mémoire au moment d'échanger son nom avec ses camarades, métaphore de son humanité confuse. Le matricule 1 caractérise le puissant homme d'affaires (présenté par une série de nombres quand il compte les concurrents au début du Squid Game), et à l'autre bout du spectre le 456 échoit au raté Seong Gi-hun. Un numéro qui ne lâchera pas le protagoniste victorieux car son voyage dans la fantaisie macabre d'Oh Il-nam terminée, Gi-hun revient dans la société contaminé par l'hypertrophie du signe. Le code de la carte bancaire pour accéder aux 45,6 milliards de wons comprend son matricule 456, les deux nombres étant d'ailleurs jumeaux pour appuyer leur poids sur le personnage. Témoin de la colère qu'il réprime et de son expérience sanglante, il teint ses cheveux en rouge. Et au moment de quitter la mère de son ami d'enfance, qu'il a vaincu au concours, Gi-hun lui laisse une valise de billets avec une note trompeuse affirmant qu'il devait cet argent au défunt. Une avalanche de signes monétaires en guise de mensonge, préférée à un récit de vérité.

## LES ATELIERS CORÉENS ET LES USINES D'OCCIDENT

Compte tenu de la progression du cinéma coréen depuis vingt ans, il était attendu qu'une série du niveau de *Squid Game* jaillisse de la

péninsule. Il est beaucoup plus notable en revanche que la vision de
Hwang Dong-hyuk soit proche de celle d'un autre ressortissant du
Matin calme, désormais illustre. Dans ses derniers films, Bong Joon-ho
expose également des virtualités naviguant entre une assise démocratique
et des relents oppressifs. Fomentées elles aussi par le signe. En 2013,
*Snowpiercer – Le Transperceneige* (*Snowpiercer*) expose un train-monde créé
par un brillant entrepreneur, Wilford. Issu du monde libéral, le train
opère néanmoins une ségrégation entre passagers riches et pauvres.
Présenté comme un écosystème, il n'est en fait qu'une prison sur rails
qui sépare les individus avec le vrai monde de la nature, et ne fonctionne qu'au prix d'enfants esclaves de ses machineries. En tant que tel,
le Snowpiercer maintient sa population dans l'illusion à l'aide d'une
propagande. *Okja*, de 2017, voit la PDG Lucy Mirando se rêver en entre-
preneuse de génie, qui vante ses super-cochons *eco-friendly* élevés par
des producteurs locaux. En fait un miroir aux alouettes sordide brandi
pour conquérir des parts de marché dans l'agro-alimentaire. Comme
dans *Snowpiercer*, le pouvoir de Mirando repose sur de la propagande,
ici marketing, qui ouvre le film pour présenter le projet de la PDG.
Avec *Parasite* (*Gisaengchung*) en 2019, Bong Joon-ho part à nouveau du
monde démocrate et libérale, où tout est soi-disant possible, pour mener
à une séparation de classes, où tout est contraint. La vie des riches est
inaccessible aux pauvres, et ces derniers en sont réduits à se battre
entre eux aux pieds des riches (une assertion que partage *Squid Game*).
Le point commun aux deux catégories est leur appétence pour l'irréel.
C'est ainsi que les riches Park vivent dans la bulle de leur luxueuse
maison, avec une mère surinterprétant les gribouillis de son fils et un
père qui travaille dans la réalité virtuelle. De leur côté les pauvres Kim
se démènent pour capter le Wifi chez eux puis cèdent à la beauté factice
de la maison des Park. Recherché pour meurtre, le père se réfugie dans
l'abri du sous-sol et le fils, dans les dernières secondes du métrage, se
perd dans le rêve d'acheter la maison pour l'en délivrer un jour. De
façon similaire aux propagandes de *Snowpiercer* et d'*Okja*, l'importance
du signe sous-tend les illusions de *Parasite*. Les Kim dupent les Park
avec de faux documents, font renvoyer le chauffeur innocent avec une
culotte laissée dans la voiture, et fabulent une gouvernante tuberculeuse
à l'aide d'un mouchoir couvert de sauce tomate. Et comme le blason
de Wilford dans *Snowpiercer*, le logo de Mirando dans *Okja*, un signe

dominant parsème *Parasite* : le logo de la société *Another Brick* de Park, floqué par exemple sur les tasses de la maison.

Au jeu des ressemblances, il s'avère en outre que le C.V. de Seong Gi-hun tient d'une contraction des parcours de personnages de *Parasite* : l'anti-héros est chauffeur comme Kim, poursuivi par les usuriers comme le mari de la gouvernante, et a failli dans la restauration à l'égal de ses deux cousins de cinéma. Pourquoi ces transversales entre Hwang Dong-hyuk et Bong Joon-ho ? Il s'observe que les deux compatriotes sont aussi de la même génération. Tous deux ont grandi dans un régime autoritaire qui s'est transformé en démocratie dans les années 90, et peut-être que cette expérience explique leur goût commun pour des univers aux faces communicantes, bien qu'opposées en théorie. À cet égard il faut citer un autre contemporain, Park Chan-Wook, qui plante dans la société coréenne des univers carcéraux où germe un faux déshumanisant (dont *Old Boy* de 2003 où l'enfermement et l'hypnose mènent à l'inceste ignoré d'un père et d'une fille). De plus, compte tenu de la mondialisation croissante de l'économie sud-coréenne autour du nouveau siècle, faut-il voir un indice des présences internationales chez Hwang et Bong ? En effet le Squid Game n'est que la déclinaison sud-coréenne des concours dont profitent les VIP aux masques d'or et nationalités multiples. Le Snowpiercer de Bong Joon-ho est un train-monde, Mirando une multinationale. De leur côté les Park de *Parasite* roulent en Mercedes, abusent des anglicismes et le père a même droit à son article dans un magazine américain.

Sur *Squid Game*, il pourrait encore être discuté de sa dimension méta où le spectateur prend plaisir à une œuvre sadique envers ses personnages, presque aux côtés des instigateurs du concours. Et certains regretteront que cette dimension ne soit pas travaillée par Hwang Dong-hyuk. C'est que les yeux occidentaux sont depuis plusieurs années maintenant abreuvés de mises en abyme, plus ou moins subtiles, portant parfois l'essentiel d'un film comme *Matrix Resurrections* (Lana Wachowski, 2021). La super-héroïsation démesurée de l'imaginaire, qui a chassé le fantastique des écrans, est d'ailleurs un autre symptôme de l'hydre virtuelle sur la rive ouest du Pacifique. Habitée par des êtres aussi puissants qu'illusoires, son idylle de plus en plus exclusive avec le méta (*Deadpool*, *WandaVision*, les croisements de casting dans *Spider-Man : No Way Home*, etc.) en est un aboutissement logique. Sans parler de la standardisation du rajeunissement numérique des acteurs, préambule à leur remplacement pur et simple par le *deep fake*. Dans la plus grande fabrique à images du monde, il n'y a guère qu'un Michael Mann qui traite le mirage plutôt que de s'y perdre. En 2015 les lignes de signes, ou plutôt de codes, de son *Hackers* font vaciller la planète et mettent dos-à-dos, à l'instar des créateurs coréens, la démocratie (d'Amérique) et l'autoritarisme (de Chine). Si la dialectique du réel et de son miroir est une passion de l'époque, le fait est qu'un bijou de subversion et de critique sociale comme *Squid Game*, de surcroît apprécié par le grand public tel le *Parasite* de Bong Joon-ho, est désormais l'apanage des ateliers coréens en place des usines d'Occident.

Sylvain PAGE

# DE L'HABIT À L'*HABITUS*, LA QUESTION DE L'APPARENCE ET DU « SOI » DANS LA SÉRIE *ALTERED CARBON*

*Altered Carbon* est une série télévisée de science-fiction américaine créée par Laeta Kalogridis. Elle est mise en ligne sur Netflix en 2018 pour la première saison – qu'examine cet article – et 2020 pour la seconde. À l'origine de la série, *Altered Carbon* (*Carbone modifié*) est d'abord un roman de Richard Morgan, publié au Royaume-Uni en 2002 et traduit en français en 2003, qui obtient le prix Philip-K.-Dick en 2004. Le roman oscille entre le polar noir, le techno-thriller et le cyberpunk et narre les aventures de Takeshi Kovacs sur la côte ouest des États-Unis à la fin du XXIV$^e$ siècle, en abordant des thèmes tels que la séparation de l'âme et du corps, l'immortalité, l'identité ou encore la lutte des classes[1].

Joel Silver – le producteur de la saga *Matrix* – avait acheté il y a plus de dix ans les droits de ce roman pour un projet d'adaptation filmée sans que cela ne débouche sur rien. La scénariste et productrice américaine Laeta Kalogridis (qui a notamment travaillé sur les films *Avatar* et *Shutter Island*) envisage de son côté dès 2002 d'adapter le roman en un long-métrage, mais elle est freinée par la complexité de l'œuvre ainsi que sa potentielle classification R-rated 16 (*Rated-R* pour Restricted : les mineurs doivent être accompagnés d'un adulte). Il faut attendre Netflix et sa commande d'adaptation au format série pour la télévision en janvier 2016, pour que soit tourné l'épisode pilote réalisé par Miguel Sapochnik. Ce dernier a à son actif plusieurs épisodes de séries telles *Awake*, *Fringe*, *Dr House* et *Mind Games*, mais aussi *Game of Thrones*.

Dans la première saison, le personnage principal Takeshi Kovacs est interprété par Joel Kinnaman, un comédien suédois que l'on avait vu

---

1   Bien que cet article s'attache à traiter de la série *Altered Carbon*, nous utiliserons toute de même quelques citations tirées du roman dont elle est adaptée afin de montrer certains ressentis des personnages non explicités à l'écran.

auparavant dans *Suicide Squad*, l'adaptation de *Millenium* au cinéma, le remake de *Robocop* ou encore dans les séries *House of Cards* et *The Killing*. Dès juillet 2018, la série est renouvelée pour une deuxième saison. Cette suite diffusée l'an dernier change en partie l'équipe puisque c'est désormais Anthony Mackie qui incarne Takeshi Kovacs pour des raisons de scénario[2]. En août 2020, quelques mois après la diffusion de la deuxième saison, la série est officiellement annulée par Netflix en raison d'un coût de production trop élevé par rapport à son audience (Robinson, 2020).

Une des principales trouvailles de l'univers du roman réside dans le fait que dans cet avenir pas si lointain, la mort n'est plus définitive : la conscience et l'esprit humain (dont les souvenirs) sont digitalisés et stockés dans des « piles » qui peuvent être réimplantées dans n'importe quel autre corps, que l'on appelle « enveloppe ». L'humain est devenu immortel ou presque, puisqu'une personne peut tout de même toujours être tuée si sa pile est détruite. La trame principale de la première saison se déroule en 2384, dans une ville futuriste : Bay City. En résumé, dans ce futur où les humains peuvent transférer leur esprit d'un corps à l'autre, un rebelle est ramené à la vie 250 ans après sa mort pour résoudre le meurtre de l'homme le plus riche du monde, en échange de sa liberté.

La question des apparences est un sujet éminemment actuel, dans notre société où le nombre des vidéos en ligne a explosé, mais aussi l'omniprésence des réseaux sociaux où on s'affiche au quotidien, la mode des selfies… Tout est fait pour favoriser la tyrannie des apparences. Mais on peut penser qu'il en a souvent été de même et que ce sont aujourd'hui seulement les technologies qui ont changé, et non pas les objectifs sociaux et individuels en matière d'allure et de maintien.

L'apparence, c'est ce qui peut être saisi de façon instantanée par le regard : les traits du visage, mais également l'aspect visible du corps charnel dans son ensemble, la tenue vestimentaire et les accessoires que la personne porte (que ce soit un sac à main ou une arme, un accessoire

---

2    Dans la première saison, Takeshi Kovacs occupe l'enveloppe d'Elias Ryker, un flic plus ou moins corrompu mis en sommeil après avoir infligé la vraie mort à deux criminels. Elias Ryker est le petit-ami de Kristin Ortega, qui tenait à garder cette enveloppe prête et libre pour la sortie de sommeil d'Elias. Quand Laurens Bancroft fait sortir Takeshi Kovacs de son sommeil, il en profite pour se venger d'elle en faisant attribuer l'enveloppe de Ryker à Kovacs. A la fin de la première saison de la série, Kovacs rend cette enveloppe à Kristin Ortega.

qui n'est pas anodin dans cette série). L'apparence de la personne physique est un signe : à la fois un mode d'expression pour la personne qui paraît et une source d'informations pour celle qui la perçoit. C'est donc basiquement un élément incontournable de la relation à soi, mais aussi de la relation à l'autre.

Cette idée nous renvoie directement à celle de l'« *habitus* » : un mot qui en médecine désigne l'apparence générale de quelqu'un, corps et visage, en tant qu'indication de son état de santé, et en sociologie la manière d'être d'un individu, liée à un groupe social et se manifestant dans son apparence physique (vêtements, maintien...)(Habitus, s. d.). L'*habitus* est défini chez Aristote et Saint Thomas d'Aquin comme n'étant pas un état, mais une manière d'être, une disposition physique et morale de l'individu à telle ou telle action, attitude ou comportement, une qualité réputée durable et difficile à modifier (Grange, 2009). Cette notion a été reprise par Bourdieu pour désigner le corps dans sa dimension sociale : attitude, posture, gestuelle, mimique, voix, mais aussi vêtements et hygiène corporelle, aspect « civilisé » (Pavis, 2018).

Mais que devient donc cet *habitus*, cette incarnation pleine et entière de l'identité d'une personne, dans un univers où l'esprit peut s'incarner dans n'importe quel corps ?

## UNE IDENTITÉ TRANSCORPORELLE

Nous l'avons vu, *Altered Carbon* se déroule dans un univers où il est possible de se réenvelopper (ou d'être réenveloppé car ce n'est pas toujours de manière volontaire que l'on change d'enveloppe !) dans n'importe quel corps, peu importe l'âge ou le genre. Et la personne réenveloppée conserve en théorie la même identité. L'esprit est donc virtuel, comme un ensemble de données « informatiques » stockables sur une « puce », tandis que le corps n'est que l'avatar physique nécessaire. Comme l'indique une citation tirée du roman :

> Les humains s'attachent vite à leurs enveloppes et annulent mentalement les incarnations précédentes. Après tout, nous sommes faits pour évoluer dans le monde physique (p. 252).

On est ici directement renvoyé à l'objectif de l'apparence. C'est en effet une construction où l'individu se fait et se parfait lui-même. D'où cet inévitable défi plus que jamais présent : celui, pour l'individu, de traduire « physiquement » et « totalement » ce qu'il est. On peut par exemple évoquer le monde de la publicité dans notre société, avec des slogans qui apparaissent dès les années 1960 : « des magazines et manuels des *sixties* promettent de "vous guider dans la recherche de votre personnalité", de "trouver la création exaltant votre personnalité", suggérant coiffure, rouge à lèvres et teint de peau en "reflets de votre personnalité" » (Vigarello, 2012).

L'apparence n'est de toute façon jamais totalement distincte de l'identité : il semble que nos traits physiques (comme la taille ou l'attractivité) influencent notre personnalité, voire nos comportements. On appelle cela la « calibration de personnalité facultative » (Von Borell et al., 2019) qui expliquerait les différences de personnalité comme des réponses à la variation des traits phénotypiques des individus. Nos personnalités se développeraient donc de la manière qui convient le mieux à nos attributs génétiques, dont la taille, la force et les attraits. Dans une étude menée récemment par l'Université allemande de Göttingen en Allemagne on a constaté que sur plus de 200 hommes, ceux qui étaient physiquement plus forts et plus « robustes » avaient tendance à être plus extravertis (une combinaison qu'on ne retrouve pas chez les sujets féminins). Du côté des femmes, on note plutôt qu'une image positive de soi (par exemple si la femme se perçoit comme attirante) les amène à être plus sociables et moins timides, bien mieux qu'une perception positive de la part des autres (Von Borell, 2019). Même si la « calibration de personnalité facultative » doit encore être étudiée et discutée pour en tirer de véritables conclusions quant à la certitude d'une corrélation entre les comportements humain et la perception de soi, il n'en reste pas moins certain que l'*habitus* d'un être humain ne peut exister que dans un corps donné.

Dans le roman, Irene Elliott est réenveloppée en femme (contrairement à la série) par l'entremise de Reileen Kawahara. Quand elle apparaît à Ryker, il se rend compte de la différence entre la « grande bonde charpentée » que son mari avait en photo chez lui, et la petite brunette mince aux yeux de braise que l'enveloppe qualifiée de « compatible » avait fait d'elle. Dans la série, le contraste est encore renforcé : Irene s'appelle Ava et n'est pas réincarnée en femme mais bien en homme, provoquant pendant quelques instants la gêne et l'étonnement autant chez son mari que chez le spectateur avant que tout le monde ne s'y habitue (temporairement) assez tranquillement. Mais quand on y pense, peut-on imaginer que son *habitus* soit le même entre les deux corps (d'autant plus dans celui d'un homme) ? Non, et en conséquence comment imaginer que son identité soit la même ?

En fait, si l'apparence ne peut se distinguer de l'identité, c'est que nous avons besoin de notre corps pour « être ». En effet, cette « pile » placée dans la nuque des humains dans *Altered Carbon* n'est pas sans faire écho à la théorie de Descartes qui pensait que la glande pinéale – une glande située au centre du cerveau– était le siège de l'âme humaine et possédait ainsi un caractère unique et indivisible. On retrouve de même, dans la série, le dualisme que René Descartes proposait entre l'âme – *res cogitans* – et le corps – *res vaste* (Robert, 1997). Mais on a depuis démontré à quel point Descartes faisait erreur en la matière. Le corps et l'esprit ne font qu'un et il est impossible d'apprendre sans le corps. Or dans *Altered Carbon*, le corps n'est plus nécessaire pour faire l'expérience du monde, comme le monde l'histoire de Lizzie Elliot, la fille d'Ava et de Vernon Elliot, une prostituée que son destin tragique a menée à une mort physique et une pile endommagée. À tel point qu'elle ne peut plus être réimplantée : Lizzie continue néanmoins de vivre dans une réalité virtuelle où elle peut être visitée. Il est donc possible, dans le monde d'*Altered Carbon*, de faire l'expérience de la conscience et de la vie sans pour autant être présent physiquement.

Dans la réalité, on a besoin du corps pour être conscient. Et un changement de corps entraînerait sûrement une foule de sensations très étranges. En conséquence, si la nouvelle enveloppe corporelle se montrait extrêmement différente de l'ancienne, le concept de soi et l'identité personnelle changeraient radicalement car les sensations (et donc leur interprétation !) qui nous viendraient de nos sens ne seraient plus les mêmes. Notre corps est le témoin et le médiateur des mémoires tant individuelles, que familiales ou collectives. Il est le support de nos sensations et de nos expériences, mais aussi de nos fondements identitaires. Pour les scientifiques, ce changement d'enveloppe aurait plus de chances de provoquer un traumatisme qu'autre chose (Muelas Lobato, 2022).

## LE RAPPORT AU(X) CORPS

Tout ceci pose forcément la question du rapport à soi dans la corporéité. Notre corps est doté de sens qui nous envoient des sensations, des impressions sensorielles qui nous permettent à la fois d'appréhender le monde et de nous appréhender nous-même. Ce dernier point est extrêmement important dans la question qui nous occupe : grâce à ces sensations, nous formons notre perception de notre propre corps, de notre être, de manière unitaire. Grâce au cortex sensoriel qui emmagasine ces impressions, nous pouvons nous créer notre propre schéma corporel tridimensionnel. Et de fait, les neurologues ont montré que lorsqu'une lésion du cortex détruit ce schéma, il devient impossible de reconnaître la posture ou de localiser un attouchement sur la peau pour toute la partie du corps atteinte par la lésion (Schilder, 2017).

L'intrigue d'*Altered Carbon* coïncide justement avec la rencontre entre Takeshi Kovacs et son nouveau corps, une rencontre qui semble incongrue pour notre monde réel où nous tissons notre rapport à nous-même (et donc à notre corps unique) dès le début de notre existence, mais qui est tout à fait normal dans l'univers de la série. À ce stade, on peut dire que son « cortex » a bien subit une lésion : il a été coupé de son corps originel. Pour Kovacs, il s'agit donc de rencontrer son propre (nouveau) corps, et donc de se rencontrer lui-même à nouveau. Il est intéressant à ce stade de considérer la scène durant laquelle Kovacs est réenveloppé : son corps inanimé, stocké dans une « enveloppe », baigne dans une substance visqueuse tel un fœtus étrange préservé dans le liquide amniotique et lorsqu'il en est extrait, tout ou presque se passe pour lui comme lors d'une naissance, son entrée (son retour !) dans la vie se fait avec une certaine « violence ». Dès qu'il a repris ses esprits, Takeshi Kovacs exige aussitôt qu'on lui donne un miroir pour qu'il puisse voir son visage. Les images permettent de prendre toute la mesure de la violence de la rencontre avec soi-même en mettant en scène un véritable phénomène de dissonance cognitive : il voit son ancien reflet alors qu'il est dans sa nouvelle enveloppe. Ses perceptions entrent donc en totale contradiction avec la réalité, avec une telle violence que Kovacs se met à hurler.

Dans le roman, Kovacs exprime ensuite à plusieurs reprises son malaise, ainsi que l'effort nécessaire, à s'adapter au corps d'un autre :

> En m'habillant devant le miroir cette nuit-là, j'ai été convaincu que quelqu'un d'autre portait mon enveloppe. Que j'en étais réduit au rôle de passager dans la voiture d'observation située derrière mes yeux (…) On appelle ça un « rejet de psycho-intégrité ». Ou de la « fragmentation ». Il n'est pas rare d'avoir des crises, même quand vous êtes habitué à changer de peau (p. 168).

La fragmentation s'incarne ici dans le sentiment d'altérité (il parle bien de « quelqu'un d'autre ») provoqué par le décalage entre l'enveloppe offerte à Kovacs – les réflexes et la mémoire charnelle qui composent celle-ci – et l'esprit de Kovacs lui-même, qui doit se reconstruire au sein même d'une individualité discordante. En tant que Diplo[3], Kovacs a beau avoir été entraîné à performer de manière unitaire en dépit de tout sentiment de dualité, cela n'empêche pas que les frictions entre le corps de Ryker et l'esprit de Kovacs soient inévitables. Ainsi à plusieurs reprises dans le livre, par exemple, Kovacs s'agace de la dépendance à la nicotine de l'enveloppe de Ryker :

> Le propriétaire de cette enveloppe était fumeur et moi pas. Ça me casse les couilles. (…) Je déteste me réveiller avec la gorge pleine de merde le matin (p. 107).

De même l'attirance physique pulsionnelle qu'il ressent pour Kristin Ortega n'est due qu'au désir physique de Ryker (via ses hormones et phéromones) auquel il est confronté.

On le constate en fait aisément tant dans le roman que dans la série : pour les personnages d'*Altered Carbon*, être réenveloppé dans un autre corps n'est pas si facile que cela. La série montre d'ailleurs que de trop nombreux enveloppements successifs ont des conséquences néfastes pour la stabilité identitaire des sujets. Kadmin, un des adversaires les plus dangereux de Takeshi Kovacs, a en effet perdu tout *habitus*, et en conséquence tout sens du « soi », noyé sous la superposition de couches

---

3   « Les Diplos (membre des Corps Diplomatiques) étaient un groupe de soldats opérant contre le Protectorat des Nations unies qui souhaitaient en finir avec l'immortalité. Takeshi Kovacs était l'un d'entre eux et est probablement le dernier Diplo restant ». (Diplo, dans *Altered Carbon Fandom*, en ligne, https://altered-carbon.fandom.com/fr/wiki/Diplo, consulté le 29/12/2022)

de souvenirs disparates des différents corps qu'il a « habité ». Et même si la conscience des gens reste la même, leur corps originel, même séparé d'eux, reste une part de leur propre identité. Ainsi, dans le roman on peut lire au sujet du corps d'origine d'Irène Elliott qui a été racheté par quelqu'un d'autre pendant sa peine de prison :

> Le choc de se réveiller pour la première fois dans le corps de quelqu'un d'autre n'est rien comparé à la colère qui vous prend quand vous réalisez que quelqu'un, quelque part se promène avec votre corps. C'est comme une infidélité, un viol (p. 414).

Mais en termes de corporéité, ces changements d'enveloppe n'affectent pas que le rapport à soi, ils bouleversent également la relation à l'autre. On le voit par exemple dans la relation entre Takeshi Kovacs et le Lieutenant Ortega (qui oscille entre le désir lié à l'enveloppe et désamour lié à la nouvelle conscience incarnée dans cette enveloppe), mais aussi dans celle entre Vernon et Ava Elliot (qui balance cette fois entre l'amour pour l'âme incarnée et le rejet sexuel de la nouvelle enveloppe).

À la suite de la sortie de la série, de nombreux scientifiques et chercheurs se sont donc à juste titre interrogés : que se passerait-il réellement au niveau cognitif si on « changeait de corps » comme dans *Altered Carbon* ? Nous avons vu que la personnalité d'une personne provient de ses interactions avec son environnement et son entourage et que cette perception ne peut se faire qu'au travers de son corps. Que se passerait-il donc si un individu se retrouvait un jour dans le corps d'un autre ? L'utilisation d'un casque de réalité virtuelle, même s'il n'est pas aussi performant que l'implant cérébral imaginé par Elon Musk, a néanmoins d'ores et déjà permis d'étudier les conséquences des troubles de la dépersonnalisation (Rakotondrabe, 2020) : d'une mise en œuvre simple et rapide, il permet de voir à travers les yeux d'une autre personne et de « se mettre dans son corps » au moins virtuellement. Dans la mouvance des Lumières, John Locke pensait que « l'identité personnelle dépend de la conscience et non de la substance » (*Essai sur la compréhension humaine*). L'une des découvertes les plus importantes du laboratoire démontre le contraire et concerne la modification de la perception de soi des participants : après l'expérience, la plupart s'identifiaient à la personne dont ils avaient emprunté le corps.

En mettant en scène (et donc en question) ces tensions autour de la corporéité et de la personnalité, la série ne fait toutefois pas le tri, et ne cherche pas à répondre à une quelconque question de hiérarchisation entre le corps et l'esprit, mais laisse chacun en décider comme le font les personnage mis en scène. Et dans cette perspective, on réalise que l'on revient à la proposition de Descartes : dans *Altered Carbon* les êtres sont littéralement divisés en deux pôles qui dans notre monde sont indissociables l'un de l'autre.


## LE CORPS, VÊTEMENT DE L'ESPRIT


Ce que nous présente en fait *Altered Carbon*, c'est une société qui a dépassé le jumelage corps/esprit dans l'accomplissement de ce qui semble être un fantasme transhumaniste. Qui ne rêverait pas en effet de voir son esprit survivre à son corps ? Or, ce qui peut sembler un rêve dans un monde idéal, devient rapidement un cauchemar dès qu'il est confronté à la trivialité de la nature humaine. On constate en effet que dans cet univers, le corps est dépeint comme une marchandise, soumise aux impératifs capitalistes dans une société où dominent les lobbies militaires et d'affaires. Cette marchandise peut être louée, prêtée, vendue, ou tout simplement détruite et on considère comme archaïque l'idée qu'un corps serait naturellement lié à un esprit spécifique. Les corps sont désormais des enveloppes appartenant aux plus offrants. Le rapport à la corporéité est biaisé car le corps est défini d'emblée comme un objet non pas vivant mais servant simplement de support à la vie, interchangeable à volonté, tel un « costume ». À ce titre il est intéressant de souligner, par exemple, que Miriam la femme de Laurens Bancroft, a différentes enveloppes pour différents usages (dont celle boostée aux phéromones qu'elle utilise pour séduire Kovacs) : des enveloppes « personnalisées », qui deviennent juste des accessoires de mode, comme un bijou, un costume ou une autre robe. Dans cette perspective, il est amusant de se pencher sur le mot anglais utilisé pour désigner l'enveloppe corporelle dans *Altered Carbon* : *sleeve*, un mot qui renvoie également au champ lexical vestimentaire. *The sleeve* signifie

« la manche », un terme qui a son intérêt dans cet univers où on peut changer de corps comme de chemise.

Le corps devenu vêtement de l'âme est en conséquence soumis aux mêmes diktats matériels que la mode, qui soumettent l'individu à des contraintes exigeantes et coûteuses. Cette possibilité du remplacement des corps, qui bouleverse clairement l'organisation de la société dans l'univers d'*Altered Carbon*, et devrait libérer l'humanité de la tyrannie de la matière, devient en réalité (paradoxalement ?) un outil d'asservissement capitaliste plus que de libération. Bien que séparé de l'esprit, le corps n'en impose pas moins une tyrannie de plus en plus prégnante : il faut comprendre que dans la société d'*Altered Carbon*, l'accès au corps n'est plus un droit, mais un confort et un avantage. Pour ceux qui n'en ont pas les moyens, la pile corticale matérialise la discrimination par le corps.

Dans notre société actuelle, l'apparence physique (surpoids, style vestimentaire) est un facteur majeur de discrimination. Le rejet pour des raisons de corpulence choque davantage les personnes interrogées que la discrimination au look, l'apparence pouvant être modifiée (coiffure, maquillage etc.) La sanction sociale de l'apparence vestimentaire « pèse plus fortement sur les femmes que sur les hommes, tout comme le diktat du poids » (Bertrand, 2016). La discrimination selon l'apparence physique, porte sur les caractéristiques visibles d'un individu modifiable ou non qu'il s'agisse de son physique proprement dit (taille, poids, visage, cheveux, couleur de peau), de sa vêture, de ses tatouages, piercing et maquillage (Browne et Giampetro-Meyer, 2003). Corps et vêtements participent de cet enjeu des apparences : transmettre ou non l'identité d'une personne. Dans un univers comme celui d'*Altered Carbon*, on pourrait penser qu'il en va autrement, que le fait qu'il soit possible de changer de corps fasse perdre à ce dernier sa force identitaire. Si le corps n'est plus vecteur d'identité, serait-ce par conséquent au vêtement que ce rôle revient ? Dans l'histoire culturelle et sociale, le vêtement fait corps et fait donc esprit (au cours de la Renaissance, on énonce en effet que l'apparence témoigne de l'essence de l'être) (Paresys, 2012). Or, dans la série, puisque le corps ne fait plus l'esprit, ne resterait-il donc que le vêtement pour réaliser l'identité de quelqu'un ? Cette question est d'autant plus intéressante à analyser s'agissant d'une œuvre audiovisuelle de fiction, un genre dans lequel la place des costumes est capitale pour donner vie aux personnages.

Le sémioticien Anthony Mathé propose d'attribuer au corps quatre figures qui le définissent en tant qu'« enveloppe » de la personne : la forme, le filtre, le contenant et la surface d'inscription[4]. En regard de cela, le vêtement représente alors la seconde enveloppe qui modifie (comme un dispositif prothétique) les figures du corps (cela peut aller du soutien-gorge aux épaulettes des vestes, en passant par le modèle du pantalon ou la hauteur des talons). Ce modelage de la corporéité fait discours au quotidien, elle représente pour chacun une communication directement compréhensible par autrui. Le cinéma s'est approprié ce principe pour développer son propre discours : « dans les années 1950, le cinéma hollywoodien a par exemple utilisé le T-shirt pour présenter des héros qui n'ont plus aucun besoin d'une sanction institutionnelle » (Basso Fossali, 2023), et rendre visible, la tension paradoxale entre aisance et névrose, charisme et désillusion, négligence et sensualité en jeu dans un personnage[5].

Notons que l'hybride acteur-personnage est déjà la combinaison d'un corps « authentique » et de son identité « construite ». L'acteur doit en effet quitter son *habitus* personnel bien réel pour incarner celui d'un individu de fiction, et comme le précise la costumière Deborah Landis (qui a travaillé par exemple sur les *Blues Brothers*) c'est le costume qui fait le personnage (Dierker, 2019, p. 74). Les costumes sont confectionnés ou modifiés à la fois pour s'adapter parfaitement au corps de l'acteur mais aussi soutenir l'illusion du personnage. Tout cela n'est pas sans faire écho aux concepts énoncés à la Renaissance autour de la question des apparences : Érasme avait en effet formulé le postulat selon lequel « le vêtement est le corps du corps » (Paresys, 2012), la seconde enveloppe construisant la première dans un monde où le corps-culture doit supplanter le corps-nature pour participer pleinement à la construction du corps social. Cela rejoint le proverbe « L'habit fait le moine » : l'habit fabrique/crée le moine. Le vêtement, seconde enveloppe du corps, oscille alors entre révélation et dissimulation de l'être. Les vêtements imaginés

---

4    La peau constitue ainsi la première enveloppe qui offre à l'individu une forme et matérialise le corps dans l'espace, un filtre qui lui permet d'interagir avec son environnement, un contenant pour le sang et les tissus, et une surface sur laquelle s'inscrivent des traces endogène (réactions cutanées) et exogènes (bronzage, blessures) (Mathé, 2014).
5    Pour les costumes d'*Altered Carbon*, c'est Ann Foley qui est à l'œuvre. Dans une interview elle déclare avoir dû mettre en œuvre plus de 2 000 costumes au cours de la série, et faire du sur mesure pour environ 500 pièces de costumes. (Liptak, 2018)

par Ann Foley parlent directement au spectateur, matérialisant par
exemple les distinctions sociales. La palette des vêtements des Maths[6]
est ainsi très proche de celle des nuages : des matières transparentes et
légères, des teintes argentées, dorées, ivoires, bleus clairs. Tandis que les
classes sociales inférieures sont marquées par des nuances et des matières
sombres et pesantes, symbolisant leur ancrage dans la réalité, leur
ancrage au sol, loin du paradis des nuages. Mais alors la série présente un
autre enjeu de taille : comment faire en sorte que les costumes donnent
l'impression que la même personne se trouve dans des corps différents ?
Ainsi quand une des filles de Miriam Bancroft emprunte l'enveloppe
de sa mère, la question était de savoir si elle gardait la même robe, les
mêmes bijoux[7], etc. Dans notre réalité, une personne qui veut se faire
passer pour une autre va mettre ses vêtements, dans le monde d'*Altered
Carbon* elle va enfiler son enveloppe corporelle. Il se noue dans la série
une véritable tension entre la première et la seconde enveloppe, entrant
en concurrence pour exprimer l'identité d'une personne.

## CONCLUSION

> Kovacs, assis dans un bar, lit un haïku parmi les nombreux graffitis gravés
> dans le bois de la banquette : « Enfilez la nouvelle chair comme des gants
> empruntés
> Et brûlez vos doigts une fois encore » (p. 333).

On pourrait en parler des heures, vous l'aurez compris. *Altered Carbon*
n'est pas qu'une série divertissante à regarder, c'est aussi une mine de
réflexions à décliner. Des questions qui allient à la fois éthique et esthétique, théorie et pratique, ou encore conception et technique.

---

6    « Les mathusalems (ou « maths ») sont les membres les plus riches de la population dans
     l'univers de *Altered Carbon*. Les maths utilisent généralement des clones comme enveloppes
     pour vivre pour toujours dans le même corps. Beaucoup d'entre eux stockent également
     régulièrement les données de leurs piles à l'extérieur pour avoir une sauvegarde en cas
     de crash. Les maths vivent dans d'immenses propriétés luxueuses au-dessus des nuages
     de la terre ». (Mathusalems, dans *Altered Carbon Fandom*, en ligne, https://altered-carbon.
     fandom.com/fr/wiki/Mathusalems, consulté le 29/12/2022)
7    C'est d'ailleurs ce dernier détail subtil qui a été changé dans cette scène.

La question du corps, dans son rapport à lui-même, aux autres, mais aussi à son environnement est bien sûr au centre de l'univers créé par Richard Morgan, et on peut considérer que la série a su mettre en image bien des tensions du récit autour de ce concept. Dans cette histoire, la boucle est bouclée : nous revenons à l'idée rémanente qui vise à concevoir, dans *Altered Carbon*, le corps comme un vêtement. Ce n'est plus seulement la seconde enveloppe qui fait ou ne fait pas l'individu social dans son corps-culture, mais également son enveloppe charnelle (sa première enveloppe), qui va de ce fait elle aussi osciller entre dissimulation et révélation, autant que faire se peut selon le destin de chacun. La notion d'*habitus* questionne d'ailleurs aussi dans le parcours d'un acteur. En effet, un même acteur peut incarner avec succès deux *habitus* différents : on pense par exemple à Iwan Rheon qui interprète à la fois le méchant Ramsay Bolton dans *Game of Thrones* et le gentil Liam Doyle dans *American Gods*. À l'inverse, dans le cas d'*Altered Carbon*, un même *habitus* peut être incarné par Joel Kinnaman (corps de Elias Ryker) et Will Yun Lee (corps original) avec succès, alors que cela fonctionne selon nous moins bien avec Anthony Mackie. Mais dans l'ensemble, la gestion des apparences (on pense ici à l'interprétation pleine d'humour de Matt Biedel dans le rôle de la grand-mère d'Ortega temporairement enveloppée dans le corps d'un tueur tatoué et percé) est une réussite dans la série, qu'il s'agisse de l'*acting* ou du *costuming*.

> Pour la culture matérielle des corps et du vêtement, *Altered Carbon* fut une belle surprise. La série pourrait même servir de référence à son tour pour qualifier d'autres œuvres futuristes en tant qu'univers cohérent, riche et qui a du « corps ».

Soline ANTHORE BAPTISTE

# RÉFÉRENCES BIBLIOGRAPHIQUES

Basso Fossali Pierluigi, 2020, « Habiller les personnages, revêtir la chair », *Signata*, 11, 2020, en ligne, https://doi.org/10.4000/signata.2878 (consulté le 29/12/2022).

Bertrand Solène, 15 février 2016, « Surpoids, style vestimentaire. Ces facteurs de discrimination à l'embauche », *actu.fr*, en ligne, https://actu.fr/societe/surpoids-style-vestimentaire-ces-facteurs-de-discrimination-a-lembauche_649245.html (consulté le 29/12/2022).

Browne M. Neil and Giampetro-Meyer Andrea, 2003, « Many Paths to Justice : The Glass Ceiling, the Looking Glass, and Strategies for Getting to the Other Side », *Hofstra Labor & Employment Law Journal*, vol. 21 : Iss. 1, en ligne, https://scholarlycommons.law.hofstra.edu/hlelj/vol21/iss1/2 (consulté le 29/12/2022).

Dierker Urs Axel Georg, 2019, *Every Stain A Story : The Use Of Textures On Costumes In Hollywood Action, Horror, And Sci-Fi Movies*, Thèse pour le diplôme de Master of Arts, Université York, Toronto, Ontario.

Grange Juliette, 2009, « L'habitus, de la philosophie à la sociologie et retour », in Marie-Anne Lescouret (dir.), *Pierre Bourdieu, un philosophe en sociologie*, Puf, p. 35-64, en ligne, https://shs.hal.science/halshs-00985493 (consulté le 29/12/2022).

Habitus, dans *La Langue Française*, en ligne, https://www.lalanguefrancaise.com/dictionnaire/definition/habitus (consulté le 29/12/2022).

Liptak Andrew, 3 février 2018, « How Altered Carbon's costume designer created the fashions for its futuristic world : How clothing tells a story », *The Verge*, en ligne, https://www.theverge.com/2018/2/3/16965968/altered-carbon-netflix-ann-foley-costume-designer (consulté le 29/12/2022).

Mathe Anthony, 2014, « Le vêtement au prisme du corps, vers une sémiotique du corps habillé : l'exemple de Paco Rabanne », *Actes sémiotiques*, n° 117.

Morgan Richard, 2011, *Carbone modifié*, Paris Bragelonne.

Muelas Lobato Roberto, 27 décembre 2022, « Altered Carbon : l'altération de la relation entre le corps et l'esprit », *Nos Pensées*, en ligne, https://nos-pensees.fr/altered-carbon-lalteration-de-la-relation-entre-le-corps-et-lesprit/ (consulté le 29/12/2022).

Paresys Isabelle, 2012, « Corps, apparences vestimentaires et identités en France à la Renaissance », *Apparence(s)*, n° 4, 2012, en ligne, http://journals.openedition.org/apparences/1229 (consulté le 29/12/2022).

Pavis Patrice, 2018, « H », *Dictionnaire de la performance et du théâtre contemporain*, Paris Armand Colin, p. 169-171, en ligne, https://doi.org/10.3917/arco. pavis.2018.01.0169 (consulté le 29/12/2022).

Rakotondrabe Andy, 5 septembre 2020, « Que se passerait-il au niveau cognitif si on "changeait de corps" comme dans Altered Carbon ? », *NeoZone*, en ligne, https://www.neozone.org/science/que-se-passerait-il-au-niveau-cognitif-si-on-changeait-de-corps-comme-dans-altered-carbon/ (consulté le 29/12/2022).

Robert Jacques, 1997, « Le corps dans la modernité : de la méfiance et du surpassement », *Théologiques*, 5(2), p. 25-50, en ligne, https://doi.org/10.7202/024947a (consulté le 29/12/2022).

Robinson Abby, 27 août 2020, « Why Altered Carbon season 3 was really cancelled », *DigitalSpy*, en ligne, https://www.digitalspy.com/tv/ustv/a33814929/altered-carbon-season-3-cancelled-why-netflix/ (consulté le 29/12/2022).

Vigarello Georges, 2012, « Le défi actuel de l'apparence. Une tragédie ? », *Communications*, 2012/2 (n° 91), p. 191-200, en ligne, https://doi.org/10.3917/commu.091.0191 (consulté le 29/12/2022).

Von Borell Christoph J., Kordsmeyer Tobias L., Gerlach Tanja M., Penke Lars, 2019, « An integrative study of facultative personality calibration », *Evolution and Human Behavior*, vol. 40, Issue 2, p. 235-248, en ligne, https://doi.org/10.1016/j.evolhumbehav.2019.01.002 (consulté le 29/12/2022).

Von Borell Christoph, 11 février 2019, *Press release : Is our personality affected by the way we look ? (Or the way we think we look ?)*, n° 24, en ligne, https://www.uni-goettingen.de/en/3240.html?id=5335 (consulté le 29/12/2022).

# LES SÉRIES ORIGINALES ANGLOPHONES
# DE NETFLIX (2013-2020)

## Entre profusion, segmentation et appropriation

Netflix est une plateforme américaine de vidéo à la demande par abonnement (SVOD) qui produit ses propres séries originales depuis 2013. Outre son tarif très attractif, l'un des arguments les plus fréquemment avancés pour justifier la souscription de l'un de ses abonnements est la richesse de son catalogue. On y trouve toutes sortes de programmes, aussi bien en genres qu'en formats (même si le spectre des émissions télévisuelles n'y est pas entièrement recouvert). Les séries dites « télévisées » y tiennent une place de choix, ne serait-ce qu'en raison du volume que permettent d'occuper leurs saisons divisées en épisodes. Depuis le lancement de la série américaine *House of Cards* en 2013, la quête de profusion de Netflix se marie à une recherche de plus en plus affirmée d'exclusivité, le message à faire passer aux (potentiels) abonnés étant que les séries disponibles dans son catalogue sont des créations originales conçues spécialement pour eux – même quand ce n'est pas authentiquement le cas.

Dans cette optique, les titres des séries proposées par la plateforme constituent un indicateur de choix pour comprendre les stratégies qui sous-tendent la composition de son catalogue. Ils servent à signaler la profusion et la « pureté » de l'offre, ce qui n'est pas sans entraîner parfois une réécriture de l'histoire et un détricotage de l'objet singulier que constitue la série télévisée. Je le montrerai en relevant deux stratégies d'intitulation développées conjointement par Netflix, à des fins qui se révéleront performatives. Une première approche, à la fois transversale et pragmatique, permettra de qualifier la manière dont les équipes éditoriales de la plateforme procèdent à une segmentation de leur offre en ligne, que ce soit en divisant des saisons en sous-parties ou en modifiant le libellé de certaines saisons ou épisodes. Si l'objectif peut consister à renforcer l'impression de profusion qui se dégage de la vidéothèque numérique de Netflix, faut-il en déduire, à la suite de Stéphane Delorme, que « la déstructuration générale vise à abolir les objets au profit du dispositif[1] » ?

Se mêle à cette interrogation d'autres questions liées à la quête d'exclusivité de Netflix, qui passe notamment par une appropriation revendiquée des œuvres mises en ligne. Le nom choisi pour une série peut servir à supplanter l'œuvre originale, comme l'illustre le cas de *House of Cards*, adaptation d'une minisérie britannique du même nom diffusée par BBC en 1990. L'attachement d'un label « A Netflix Original Series » vise également à attester le caractère exclusif d'une série, quand bien même celle-ci est diffusée par une autre chaîne dans son pays d'origine, ou n'a été reprise qu'en cours de production par Netflix. Une étude génétique localisée de cette tendance à l'appropriation mettra en lumière le cas spécifique de *Top Boy*, série originale britannique de Channel 4 rebaptisée *Top Boy : Summerhouse* dans le catalogue de la plateforme afin de faire place nette à son « revival » (diffusé quant à lui en exclusivité par Netflix). Que révèle ce cas particulier des nouvelles possibilités offertes par la « délinéarisation[2] », le stock remplaçant le flux afin de garantir un accès permanent aux vidéos consultables à la demande ?

## SÉRIES ET CARACTÉRISTIQUES RECENSÉES

Ma base de données regroupe les titres de toutes les séries originales en langue anglaise produites par Netflix entre 2013 et 2020 (inclus). Il ne s'agit pas de prétendre à porter un regard *objectif* sur les 151 séries recensées, mais de profiter du recul et du volume offerts par près d'une décennie de création sérielle pour en développer quelques « photographies » susceptibles de mener à des études de cas plus spécifiques.

À défaut d'embrasser l'offre globale de Netflix, je m'en suis tenu aux séries anglophones – d'autres langues que l'anglais n'étant apparues que dans un deuxième temps dans l'offre de séries originales de la plateforme.

---

1    Delorme Stéphane, « L'expérience Netflix », *Cahiers du cinéma*, n°750, décembre 2018, p. 24.
2    Jost François, « Extension du domaine télévisuel », dans Marie-France Chambat-Houillon et Séverine Barthes (dir.), *Télévision*, n°10, « Mutations de la télévision », Paris, CNRS Éditions, 2019, p. 20.

Je ne me suis cependant pas restreint aux séries américaines (fig. 1), car cela aurait été à l'encontre de la politique de mondialisation de Netflix qui, d'une part, diffuse simultanément ses séries originales dans de multiples pays et, d'autre part, privilégie la communication de chiffres d'audience à l'échelle internationale (en considérant comme spectateur toute personne ayant regardé au moins deux minutes d'un épisode de la série[3]).

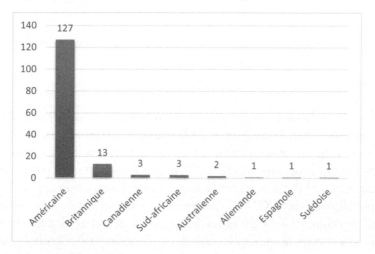

FIG. 1 – Nombre de séries par nationalité.

Débutant au 1ᵉʳ février 2013 (date de lancement de *House of Cards*), mon recensement inclut les séries terminées ou en cours de production au 31 décembre 2020. Il ne tient pas compte des programmes courts (dont les épisodes durent moins de 12 min), des séries animées et jeunesse, ni des coproductions initiées par des chaînes étrangères dont Netflix ne dispose que des droits de distribution internationale (ce qui ne l'empêche pas, dès que possible, de les labelliser « A Netflix Original Series »). Pour chaque série, j'ai recensé (en croisant les informations fournies par le site officiel

---

3     Datant de fin 2019, ce mode de calcul valait également pour les films. Il remplaçait une règle moins favorable qui ne prenait en compte que les spectateurs ayant regardé au moins 70 % d'un épisode de série ou d'un film. Fin 2021, Netflix a toutefois annoncé modifier son mode de calcul en comptabilisant le nombre total d'heures de visionnage du programme au cours des vingt-huit jours suivant sa mise en ligne (Cynthia Littleton, « Netflix to Reveal More Viewership Data as Streamer Changes its Internal Metrics », *Variety*, 19 octobre 2021. En ligne : https://variety.com/2021/tv/news/netflix-squid-game-bridgerton-viewership-metrics-1235092822, consulté le 03/09/2022).

de Netflix, IMDb et la version anglaise de Wikipédia) la nationalité, le type de série, les années de diffusion, le nombre de mots composant le titre, ainsi que les nombres de saisons, d'épisodes, de dates de mise en ligne et d'épisodes « spéciaux ». J'ai également relevé la variabilité de durée des épisodes, l'intitulation des saisons et des épisodes, la segmentation des saisons, et les liens de filiation avec des séries antérieures.

## LE RÈGNE DE L'ÉPHÉMÈRE

Les séries de mon corpus sont en grande majorité des drames (67) et des comédies (58). Miniséries et anthologies représentent tout de même 17 % du volume total en cumulé (fig. 2). La part notable (et croissante) de ces programmes aux arcs narratifs moins étendus tend à corroborer le propos de Cyril Béghin, qui estime que l'une des réponses apportées par les plateformes de SVOD à la maîtrise du récit au long cours des séries télévisées consiste à « juguler les durées, tout en conservant les segmentations, à travers la multiplication des miniséries et des anthologies[4] ».

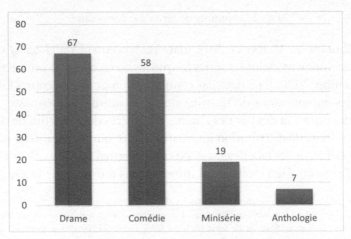

FIG. 2 – Nombre de séries par type.

---

4    Béghin Cyril, « Au temps du *binge* », *Cahiers du cinéma*, n° 750, décembre 2018, p. 29.

Les séries de Netflix ont pour la plupart un nom très court : il se compose de trois mots ou moins dans 86 % des cas (130 occurrences en cumulé, fig. 3). Une seule série porte un nom de plus de 8 mots : *Self Made : Inspired by the Life of Madam C. J. Walker.* Hormis *I Think You Should Leave with Tim Robinson*, les autres séries au nom long se servent de l'appellation d'une œuvre antérieure comme préfixe (*Wet Hot American Summer, Gilmore Girls*), ce qui explique cette spécificité.

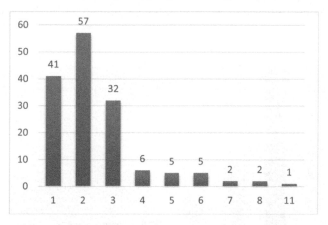

Fig. 3 – Nombre de mots qui composent le nom de la série.

L'objectif de cette dénomination est, fort classiquement, de faciliter la communication autour des séries en question. Un nom court est plus facile à prononcer, à écrire, et tout simplement à retenir. Passé un seuil de trois ou quatre mots, il peut au contraire s'avérer difficile à mémoriser, à moins qu'il s'agisse d'une phrase à la forme simple de type « sujet/verbe/complément » (pensons à la série *Orange Is the New Black*). Comme l'écrivit Balzac au sujet de Z. Marcas dans la nouvelle éponyme : « Quoique étrange et sauvage, ce nom a pourtant le droit d'aller à la postérité ; il est bien composé, il se prononce facilement, il a cette brièveté voulue pour les noms célèbres[5] ».

Il serait tentant de corréler la longueur globalement réduite des noms de séries originales produites par Netflix à la durée de vie des fictions en question. Cependant, les séries allant au-delà de trois saisons sont pour

5    Balzac Honoré de, « *Z. Marcas* », dans Pierre-Georges Castex (dir.), *La Comédie humaine* (tome VIII), Paris, Gallimard, coll. « Bibliothèque de la Pléiade », 1978, p. 1253.

l'heure tellement rares sur Netflix qu'un lien de cause à effet entre un nom trop long et une annulation prématurée apparaît pour le moins hasardeux (fig. 4). En effet, 94 % des séries de Netflix s'interrompent avant ou n'ont pas encore accédé à une quatrième saison à fin 2020. *Orange Is the New Black* (7 saisons) et *House of Cards* (6 saisons) demeurent à ce jour les séries les plus durables de Netflix. La première a depuis été rejointe par *Grace and Frankie*, dont la septième et dernière saison a été mise en ligne en deux temps, les 13 août 2021 et 29 avril 2022.

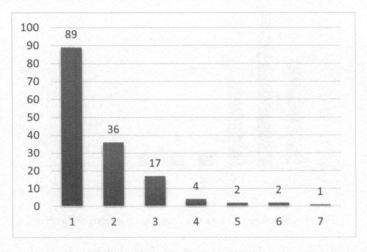

FIG. 4 – Nombre de saisons par série.

*A contrario*, près des deux tiers (59 %) des séries lancées par Netflix sont stoppées ou n'ont pas encore dépassé le stade de la première saison à fin 2020. Si la multinationale californienne a attendu le 14 septembre 2016 pour annuler sa première série originale (*Bloodline*, après trois saisons), les quatre années qui ont suivi ont vu la tendance s'inverser de façon radicale, signe que Netflix est entré dans une ère de contraction et de renouvellement accéléré de sa production sérielle[6].

---

6    Adalian Josef, « Why *Bloodline*'s Cancellation Hints at a New Phase for Netflix », *Vulture*, 15 septembre 2016. En ligne : https://www.vulture.com/2016/09/bloodline-cancellation-means-for-netflix.html (consulté le 03/09/2022).

## ÉLASTICITÉ, SIMULTANÉITÉ, SYNCHRONICITÉ

Cette instabilité est accentuée par la grande variabilité de durée qui caractérise globalement les épisodes des séries originales de la plateforme (fig. 5). Seules 24 % de ces séries (36 occurrences) ont des épisodes dont la durée ne varie tout au plus que de quelques minutes au fil des saisons. Pour les trois quarts restants, les disparités peuvent être significatives, jusqu'à passer du simple au double, voire du simple au triple. S'illustre ainsi le propos de Stéphane Delorme qui, en forçant quelque peu le trait, observe que « ça ne commence jamais et ça ne finit jamais. Tout est fait pour enchaîner. Des séries sont courtes d'autres longues, les épisodes sont souvent de durées inégales au sein de la même série[7]. »

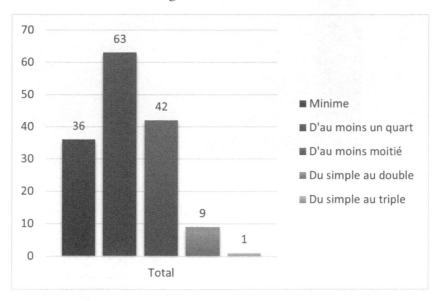

FIG. 5 – Variabilité de durée des épisodes.

L'impression d'accès continu aux images est renforcée par le mode de diffusion choisi par Netflix, qui met en ligne simultanément tous les

---

7    Delorme Stéphane, « L'expérience Netflix », *op. cit.*, p. 24.

épisodes de chaque nouvelle saison afin d'assurer un accès immédiat à ses abonnés. Selon une telle configuration, le nombre cumulé de dates de mise en ligne est logiquement proche de la somme des saisons (alors qu'il serait égal à la somme des épisodes sur une chaîne de télévision traditionnelle diffusant à un rythme hebdomadaire, fig. 6). On peut toutefois noter un différentiel de 22 occurrences entre les nombres de saisons et de dates de mises en ligne, ce qui nécessite de plus amples explications.

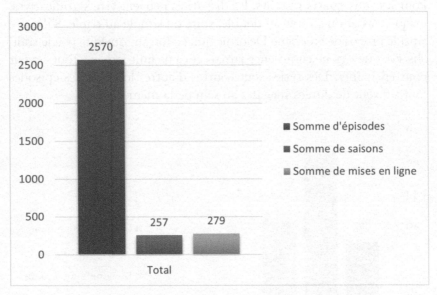

Fig. 6 – Différentiel entre sommes d'épisodes, de saisons et de dates de mise en ligne.

Cet écart est dû à la production occasionnelle d'épisodes « spéciaux » (par exemple, à l'occasion des fêtes de Noël) et à la division des saisons de certaines séries originales de Netflix en sous-parties (fig. 7). À titre d'exemple, les vingt épisodes qui composent la première saison de *Chilling Adventures of Sabrina* ont été diffusés en trois temps. Une première partie de dix épisodes a été mise en ligne le 26 octobre 2018, suivie d'un épisode de Noël (intitulé « A Midwinter's Tale ») le 14 décembre de la même année, puis d'une deuxième partie de neuf épisodes le 5 avril suivant. Dans l'interface en ligne de Netflix, ce n'est par conséquent pas à une « saison » mais à deux « parties » que l'on accède, comme si la notion même de saison sérielle était devenue caduque[8].

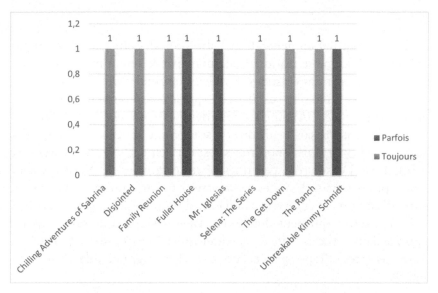

FIG. 7 – Séries dont les saisons sont divisées en sous-parties.

Bien qu'encore marginale à l'échelle du catalogue global de Netflix, cette augmentation du nombre de dates de diffusion, associée au fait de chercher à fixer des rendez-vous événementiels à ses abonnés, s'apparente à un pas en direction du modèle télévisuel traditionnel. En effet, comme le rappelle Séverine Barthes, les épisodes suivent depuis les débuts de la télévision commerciale américaine « ce que nous pourrions appeler le calendrier social : les personnages, comme tous les téléspectateurs, fêtent Thanksgiving, Noël ou le Jour de l'An, lors d'épisodes généralement attendus par le public[9] ». De même, Netflix se sert ouvertement de séries comme *Chilling Adventures of Sabrina*, *Family Reunion* (« A Family Reunion Christmas ») ou *The Big Show Show* (« The Big Show Show : The Big Christmas ») pour fêter Noël avec ses spectateurs.

8    Turcan Marie, « Pourquoi Netflix a tué la notion de saison dans les séries », *Numerama*, 13 mai 2018. En ligne : https://www.numerama.com/pop-culture/367997-netflix-a-tue-la-notion-de-saison.html (consulté le 03/09/2022).
9    Barthes Séverine, « Production et programmation des séries télévisées », dans Sarah Sepulchre (dir.), *Décoder les séries télévisées*, Louvain-la-Neuve, De Boeck, 2017 [2011], p. 66.

## SEGMENTATION NON TÉLÉVISUELLE ?

La déstructuration générale et l'abolition des objets dénoncées par Stéphane Delorme se traduit également par le renommage occasionnel des saisons et des épisodes des séries originales mises en ligne par Netflix. Dans le premier cas, il arrive que les saisons soient renommées en « parties » (*The OA*) ou en « volumes » (*Dear White People*), ou bien même que chaque saison ait droit à son propre intitulé, à l'image des saisons 2 et 3 de *Slasher* nommées respectivement « Guilty Party » et « Solstice ». De surcroît, certaines séries originales de Netflix voient leurs épisodes assimilés à des « chapitres » (à l'aide du mot « Chapter » suivi d'un numéro et, éventuellement, d'un intitulé), à des « parties » (« Part », terme qui peut donc aussi bien désigner une saison qu'un épisode dans le vocabulaire de la plateforme), à des « pistes » (« Track »), à des cassettes (« Tape »), ou encore à des hashtags (à l'aide d'un dièse, fig. 8).

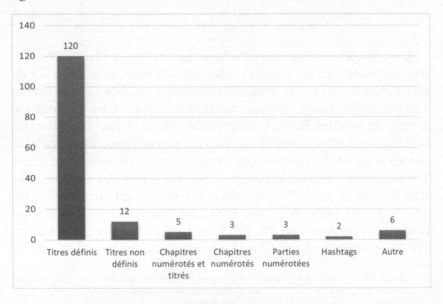

Fig. 8 – Nomenclature de nommage des épisodes.

Si, en règle générale, « l'appartenance à une série force le choix de l'appellation[10] », Netflix cherche à démontrer l'inverse : que le choix de l'appellation est susceptible de forcer l'appartenance à une série. Cependant, les notions fondatrices de la sérialité télévisuelle ne sont pas véritablement bousculées par ces appellations, qui ne semblent répondre à aucune « règle transcendante de composition[11] ». Dans leur *Dictionnaire des séries télévisées*, Nils C. Ahl et Benjamin Fau définissent une saison comme la « période de première diffusion d'une série[12]. [...] Par extension, le terme désigne l'ensemble des épisodes diffusés durant cette période[13]. » Quant aux épisodes, ils les assimilent aux « segments composant une série », en ajoutant qu'ils « peuvent raconter une histoire complète [...], un morceau d'histoire [...], ou un mélange de différents arcs narratifs d'importance et d'étendue variables ». En l'état, ces termes s'appliquent parfaitement au découpage des séries de Netflix, quel que soit le nom que prennent leurs saisons ou leurs épisodes.

C'est plutôt au niveau de l'étendue et de la durée de ses séries originales que la plateforme fait concrètement bouger les lignes. Ahl et Fau précisent en effet qu'une saison « correspond généralement, aux États-Unis, à un peu moins d'une année (de septembre-octobre à juin-juillet)[14] ». Quant aux épisodes d'une série, ils sont généralement « tous de durée identique au sein d'une même série [...], diffusés à intervalles réguliers (tous les jours, toutes les semaines...)[15] ». En l'occurrence, ces critères ne s'appliquent aucunement aux séries produites par Netflix. Faut-il en déduire que la multinationale américaine contribue à *repenser* la forme sérielle canonique ?

À la suite de Maxime Leroy, il convient de ne pas négliger la part de performativité de l'intitulation à l'œuvre dans le catalogue de Netflix :

> Il n'y a pas de déterminisme de l'intitulé. [...] La part d'arbitraire, ou de conformité à un usage, est décisive. Il faut néanmoins considérer d'une part

---

10  Leroy Maxime, « *"Preface, or Advertisement (call it which you please)"* : les enjeux de l'intitulé de quelques préfaces auctoriales », *Cahiers victoriens et édouardiens*, n° 79, printemps 2014, p. 6. En ligne : http://journals.openedition.org/cve/1218 (consulté le 03/09/2022).

11  *Ibid.*, p. 2.

12  Ahl Nils C. et Fau Benjamin, *Dictionnaire des séries télévisées*, Paris, Philippe Rey, 2016 [2011], p. 1053.

13  *Ibid.*, p. 1045.

14  *Ibid.*, p. 1053.

15  *Ibid.*, p. 1045.

que la présence de tels indexicaux crée nécessairement un horizon d'attente chez le lecteur [...], et d'autre part que le choix du terme s'avère signifiant dans le cas où il relève d'une problématique interne à l'œuvre[16].

Chez l'abonné de Netflix, la mise à disposition de « volumes » ou de « chapitres » (mots issus de la littérature) peut effectivement créer un horizon d'attente lié à la lecture de romans feuilletonnants, sans pour autant que le choix du terme relève d'une problématique interne à la série. D'ailleurs, Leroy note que « l'absence d'intitulé constitue une absence de repère non moins signifiante, l'auteur, ou l'éditeur, ayant estimé que l'assomption contextuelle du lecteur, c'est-à-dire sa (re)connaissance du contexte paradigmatique, suffit pour établir le statut du texte[17] ». Ceci s'applique aux douze séries de Netflix (pour la plupart britanniques) dont les épisodes ne possèdent pas de titre, le contexte paradigmatique d'une mise à disposition par lots segmentés dans le catalogue d'une plateforme de SVOD suffisant visiblement à établir le statut de ces épisodes aussi bien qu'une chaîne de télévision ou un support physique de type DVD ou Blu-ray.

A *contrario*, le raccourcissement de la durée de vie des séries et la division de plus en plus fréquente de leurs saisons en sous-parties contribuent sans ambiguïté à multiplier le nombre d'entrées dans le catalogue de Netflix, ce qui ne manque pas d'amplifier l'impression de profusion qui s'en dégage. Quant à la variabilité de la durée des épisodes, elle découle du remplacement de la traditionnelle grille de programmes par un catalogue susceptible d'agréger des objets de formes diverses sans devoir se plier à des contraintes de temps ni d'horaires. C'est donc bien le *dispositif* qui prime sur les *objets* (pour reprendre la distinction opérée par Stéphane Delorme), la déstructuration qui en résulte profitant à l'un sans déstabiliser les autres de façon suffisamment problématisée et lisible pour appeler une refonte des termes « série télévisée », « saison » et « épisode ».

---

16  Leroy Maxime, « *"Preface, or Advertisement (call it which you please)"* : les enjeux de l'intitulé de quelques préfaces auctoriales », *op. cit.*, p. 7.

17  *Ibid.*, p. 4.

## « A NETFLIX ORIGINAL SERIES »

Selon Bruno Cailler et Christelle Taillibert, le volume participe d'une volonté de marquer son territoire sur le marché si concurrentiel de la SVOD :

> Les premiers acteurs qui jouent la carte de la délinéarisation de l'offre misent sur le quantitatif : cumuler le maximum de titres possibles dans leur catalogue – les plus récents possible au gré de la chronologie des médias – devient un élément central de leur communication à destination des usagers, de la valorisation de la marque contre les acteurs concurrents, suivant une stratégie qui avait déjà été expérimentée par les éditeurs vidéo au cours des décennies précédentes[18].

Chez Netflix, cela passe également par la réintitulation de certaines séries d'une saison à l'autre. Pour le vérifier, observons les rapports de filiation entretenus par les séries produites par la plateforme américaine avec d'éventuelles productions télévisuelles antérieures, généralement exogènes (fig. 9).

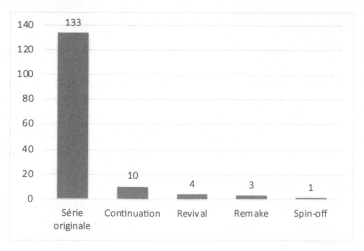

FIG. 9 – Affiliation ou non à une série télévisée antérieure.

18  Cailler Bruno et Taillibert Christelle, « Les services de médias à la demande : le modèle télévisuel revisité », dans Marie-France Chambat-Houillon et Séverine Barthes (dir.), *Télévision*, n° 10, *op. cit.*, p. 73.

Si une grande majorité des séries de Netflix sont originales, 12 % découlent tout de même de fictions préexistantes. Il peut s'agir de continuations, de recréations (sous la forme de revivals ou de remakes), ou encore de dérivés (spin-offs). Resserrons à présent l'étau sur les séries affiliées de Netflix dont le nom diffère de celui de la création originelle (fig. 10).

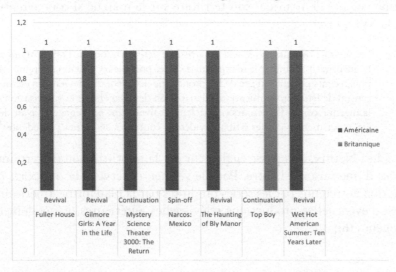

FIG. 10 – Séries adaptées de fictions télévisées antérieures au nom différent.

Plusieurs constats peuvent être dressés à partir de ce graphique. En premier lieu, onze séries n'y apparaissent pas dans la mesure où elles portent le même nom que la série qu'elles prolongent ou dont elles sont adaptées. C'est notamment le cas de *House of Cards*, la première série originale de Netflix, dont le nom n'a pas été modifié en vue d'éviter une éventuelle confusion avec la minisérie britannique lui ayant servi de source d'inspiration (celle-ci étant passée trop inaperçue pour lui faire de l'ombre).

L'adaptation américaine de Beau Willimon porte le label « A Netflix Original Series », au même titre que les anciennes saisons de séries acquises entretemps par Netflix (comme les deux premières de *Black Mirror*, diffusées exclusivement sur la chaîne britannique Channel 4 entre 2011 et 2013)[19]. La remarque s'applique aussi, plus largement, aux

---

19   Turcan Marie, « Pourquoi Netflix a tant de "séries originales" qui ne lui appartiennent pas vraiment ? », *Numerama*, 16 décembre 2018. En ligne : https://www.numerama.com/

séries étrangères dont Netflix possède les droits de distribution inter-nationale. Cela fait dire au directeur éditorial (et désormais président) d'Arte, Bruno Patino :

> Même quand [les chaînes de télévision] produisent un programme qui a un destin numérique fabuleux, l'attribution qui leur en est faite n'est plus automatiquement forte. Et les plateformes ne sont pas tout à fait loyales, parce que quand vous regardez *Dix pour cent*, une fiction France Télévisions sur Netflix, vous avez marqué "Netflix original" dedans. Définitivement, l'attribution ne se fait plus[20].

Les réintitulations peuvent quant à elles servir à augmenter le nombre d'entrées dans le catalogue, selon le principe que deux séries valent mieux qu'une en termes de dynamisme de l'offre. Après trois saisons colombiennes (les deux premières situées à Medellin, la troisième à Cali), *Narcos* s'est déplacé à Guadalajara et a été rebaptisé *Narcos : Mexico*. Une quatrième saison avait pourtant été commandée en même temps que la troisième par Netflix, comme l'atteste la présence de mentions « Épisode 401 » à « Épisode 410 » dans les crédits de fin des épisodes de *Narcos : Mexico*. Pour sa part, la série d'horreur *The Haunting of Hill House* est devenue *The Haunting of Bly Manor* en saison 2, plutôt que d'adopter la forme plus coutumière d'une anthologie saisonnière où, selon Stéphane Benassi, « le phénomène de mise en collection est appliqué non plus au niveau de l'épisode mais au niveau de la saison[21] ».

Est ainsi effectué, ponctuellement, un geste de « décomposition » qui, selon la définition qu'en donne le *Trésor de la Langue Française*, consiste à « remplacer un objet unique le plus souvent de nature complexe par une série d'objets simples[22] ». Sans préjuger de la complexité intrinsèque des deux séries de Netflix que je viens d'évoquer, elles s'affranchissent en effet du trouble que peut susciter la jonction de deux histoires distinctes au sein d'une même œuvre, avec une partie de l'équipe technique et de la distribution en commun.

---

tech/437169-pourquoi-netflix-a-tant-de-series-originales-qui-ne-lui-appartiennent-pas-vraiment.html (consulté le 04/09/2022).

20  Jost François, « Entretien : Bruno Patino », dans Marie-France Chambat-Houillon et Séverine Barthes (dir.), *Télévision*, n° 10, *op. cit.*, p. 241.

21  Benassi Stéphane, « Sérialité(s) », dans Sarah Sepulchre (dir.), *Décoder les séries télévisées*, Louvain-la-Neuve, De Boeck, 2017 [2011], p. 111.

22  « Trésor de la Langue Française informatisé », *ATILF*. En ligne : http://atilf.atilf.fr (consulté le 04/09/2022).

## UNE SUITE QUI SUPPLANTE L'EXISTANT

Parmi les séries non américaines reprises par Netflix, il en est une qui a changé de nom au passage : *Top Boy* (diffusée sur Channel 4 entre 2011 et 2013). Ce renommage s'est toutefois fait en sens inverse, puisque les deux saisons originelles de la série (comptant quatre épisodes chacune) ont été intégrées au catalogue de Netflix sous l'appellation *Top Boy : Summerhouse*. La troisième saison et les suivantes sont quant à elles réunies sous la bannière *Top Boy*, ce qui leur permet de supplanter l'existant en prenant de force le nom de la série matricielle.

Financer de nouvelles saisons d'une série étrangère peut ainsi présenter l'avantage de mettre en ligne non pas une mais deux « nouvelles » séries, dont celle produite par l'entreprise américaine se présente ouvertement comme l'œuvre fondatrice. Si le flux télévisuel est par essence volatile, le stock dont disposent les plateformes de SVOD offre des possibilités non seulement de cohabitation, mais aussi de réécriture de l'histoire télévisuelle – le programme entreposé sur une étagère virtuelle pouvant changer irrémédiablement d'identité au cours de son existence numérique, là où un boîtier de DVD ou de Blu-ray est susceptible d'attester la nature originelle de l'objet sériel. Contrairement à une encyclopédie collaborative comme Wikipédia, Netflix ne donne pas accès à l'historique des pages de son catalogue, si bien que la vérité du jour peut se substituer à celle de la veille sans que l'on s'en rende compte.

Le fait que la page dédiée de Netflix nomme la série originelle *Top Boy : Summerhouse* nous met sciemment sur une fausse piste : celle d'une généalogie inversée, appuyée par l'existence d'une autre page portant l'intitulé *Top Boy*. Ce discours trompeur est entretenu par certains médias qui, à l'instar de *Deadline*[23] (côté américain), *Digital Spy*[24] ou *The Sun*[25] (côté

---

23    Kanter Jake, « 'Top Boy' Season 2 Begins Shooting For Netflix After Covid Delay »,
      *Deadline*, 9 décembre 2020. En ligne : https://deadline.com/2020/12/top-boy-season-
      2-begins-shooting-netflix-1234652881 (consulté le 04/09/2022).
24    West Amy, « Netflix reveals major Top Boy season 2 update », *Digital Spy*, 9 décembre
      2020. En ligne : https://www.digitalspy.com/tv/a34916671/netflix-top-boy-season-2-update
      (consulté le 04/09/2022).
25    Wagstaff Eve, « Top Boy fans ecstatic as Ashley Walters posts behind-the-scenes vid
      confirming Netflix's season 2 is already underway », *The Sun*, 9 décembre 2020. En

britannique), qualifient tous la quatrième saison de *Top Boy* de « saison 2 ». Que la véritable deuxième saison ait été diffusée par Channel 4 en 2013 est passé sous silence, oublié, effacé, comme s'il ne s'agissait que d'un brouillon dont la version produite par Netflix serait l'aboutissement officiel (avec le même *showrunner* et la même distribution principale, complices tacites de cette réécriture). Moins d'un an plus tôt, *Deadline* avait pourtant annoncé le retour à venir de la série britannique pour une « quatrième saison[26] », signe que la force de persuasion des équipes de communication de Netflix peut pousser certains observateurs (bien que professionnels et spécialisés) à se dédire en l'espace de quelques mois.

La manœuvre ne constitue en outre pas un cas isolé, puisqu'une situation similaire (quoique légèrement plus respectueuse pour le diffuseur historique) s'est présentée récemment. Le 2 juin 2022, Netflix a en effet mis en ligne une quatrième saison de la série danoise *Borgen* (initiée par la chaîne locale DR1), en la sous-titrant « Power & Glory ». Cette saison apparaît dans le catalogue de la plateforme comme une série originale de Netflix, séparément du *Borgen* de DR1 cantonné, pour sa part, aux trois saisons produites entre 2010 et 2013. Sur le plan communicationnel, la multinationale américaine n'entend donc clairement pas s'inscrire dans la continuité de la télévision traditionnelle, mais marquer une rupture entre l'avant et l'après-Netflix. Reed Hastings, le co-PDG de Netflix (avec Ted Sarandos), ayant auguré la « fin de la télévision linéaire[27] » dans les cinq à dix années à venir, l'objectif affiché n'est pas de prendre sa suite mais, plus bel et bien, sa place.

Benjamin CAMPION

---

ligne : https://www.thesun.co.uk/tv/13425931/top-boy-ashley-walters-vid-netflix-season-2 (consulté le 04/09/2022).

26  White Peter, « 'Top Boy' : British Gang Drama Returns For Fourth Season As Production Starts In Spring », *Deadline*, 26 février 2020. En ligne : https://deadline.com/2020/02/top-boy-netflix-season-four-1202868845 (consulté le 04/09/2022).

27  Cité par Maas Jennifer, « Netflix Chief Reed Hastings Says 'the End of Linear TV' Is Coming 'Over the Next 5-10 Years' », *Variety*, 19 juillet 2022. En ligne : https://variety.com/2022/tv/news/netflix-end-linear-tv-reed-hastings-1235320371 (consulté le 04/09/2022).

# LES ARMURES MÉDIÉVALISTES
## DANS LES SÉRIES « FANTASY »,
## ENTRE RÉALISME HISTORIQUE ET FANTASME

### L'exemple de *House of the Dragon* et *Les Anneaux de Pouvoir*

L'année 2022 fut très attendue par les communautés de fans des mondes médiévaux fantastiques en raison de la sortie des deux plus grandes séries annoncées sur le sujet : d'un côté *Les Anneaux de Pouvoir* (fig. 1), inspirée de l'œuvre de J. R. R. Tolkien, diffusée sur Amazon Prime, et de l'autre *House of the Dragon* (fig. 2)[1], la suite de la série *Game of Thrones*, adaptée de l'œuvre de Georges R. R. Martin, diffusée par HBO sur OCS. Les deux productions ont plusieurs points communs, partant d'une œuvre littéraire adaptée à l'écran, dépeignant toutes deux des mondes fantastiques d'inspiration médiévale, mais en intégrant aussi des réflexions contemporaines des époques des créateurs eux-mêmes. On peut évoquer la Première Guerre mondiale pour Tolkien, tandis que chez Martin, la dimension des catastrophes écologiques et climatiques revêt une dimension actuelle. *Le Seigneur des Anneaux* et son monde étendu ont certainement une longueur d'avance, avec une ancienneté qui a déjà vu l'adaptation au cinéma, et également dans le jeu de rôles *Donjons et Dragons*, qui puise clairement ses racines dans l'*heroic-fantasy* à fortes composantes tolkieniennes. Les œuvres diffèrent bien sûr en bien des points, ne serait-ce que sur la relation de chaque auteur avec la connaissance universitaire de l'histoire médiévale. Mais arrêtons-nous sur une composante essentielle de ces récits épiques dans leurs développements récents : les corps en armes et la personnalisation des héros et héroïnes à travers leurs armures complètes.

---

1   Le titre n'a pas été traduit en français dans sa distribution, contrairement à celui des *Anneaux de Pouvoir*.

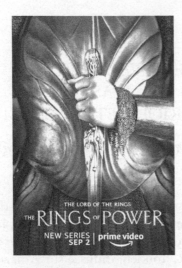 

FIG. 1 – Affiche de lancement          FIG. 2 – Affiche de lancement
de la série *Rings of Power*          de la série House of the Dragon
(c) Amazon studios et New Line Cinema.          (c) HBO.

Les grandes productions ont en effet besoin de dépeindre des fresques avec des personnages aux identités fortes, et dont l'apparence va jouer au rôle identitaire, rendant parfois un objet symbolique de l'œuvre, et figeant leurs silhouettes dans nos imaginaires. Les armes n'y font bien sûr pas exception[2]. La création est plus débridée dans le « fantastique » puisque les poncifs historiques y sont absents, mais les corps des acteurs doivent néanmoins effectuer des performances physiques, ce qui contraint les designers à produire des habillements qui fonctionnent, au sens strict. On va retrouver dans les silhouettes des éléments récurrents de l'imaginaire des créateurs, qui vont contribuer à renforcer l'œuvre, et qui amènent avec eux leurs propres imaginaires, influencés par leurs lectures, leurs références, leurs vécus. Il n'est donc pas étonnant de trouver dans ces deux œuvres récentes des mécanismes connus de réemploi des imaginaires : des emprunts à la culture du monde réel, des hommages, des références, qui également renforcent la crédibilité et la profondeur des œuvres dans l'esprit et dans l'inconscient collectif. Le cas

2    Voir le catalogue de l'exposition « POP-Arm » qui met en évidence le lien entre les objets de musées et les créations contemporaines dans le cinéma et les séries. L'exposition s'est tenue en Suisse au château de Morges de 2018 à 2019 (Baptiste, 2019).

des apports des artistes de l'Art Nouveau et de la *New Sculpture* (fig. 3 & 4) pour les esthétiques elfiques et draconiques est très parlant à ce titre et nous le verrons à travers les armures de Galadriel et de Daemon Targaryen qui sont porteuses de ces influences. On peut ainsi évoquer la continuité d'un imaginaire armé dans les représentations, tout comme déjà les œuvres précédentes avaient utilisé des combinaisons nouvelles d'éléments connus ou historiques, ou d'imaginaires plus anciens, parfois mythologiques, comme dans les séries Game of Thrones et les films du Seigneur des Anneaux. Ces avatars, leurs corps carapaçonnés, dessinent alors une œuvre monumentale, un reflet du monde en quête de soi, luttant dans des apparats de danses martiales, traversant les époques et les pays, traçant un lien entre nos consciences et nos rêves.

FIG. 3 – *Le Sphinx mystérieux*, sculpture chryséléphantine Art Nouveau, Charles van der Stappen, 1897, KMKG – MRAH Bruxelles, Wikimedia Commons.

FIG. 4 – Plat en bronze à effigie allégorique, Jacques Callot, vers 1910-1920,
collection privée. Source : image eBay.

## LA MÉCANIQUE CRÉDULE DES APPARENCES –
## FONCTIONNALITÉ ET ESTHÉTIQUE

Lors de la conception d'un univers visuel à partir d'une œuvre littéraire, comme c'est le cas pour nos deux séries, les artistes impliqués ou
choisis reçoivent les *desiderata* de la production et impriment ensuite leurs
propres visions, styles et identités dans les formes diverses à réaliser. Ils
conçoivent une série de possibilités qui sont soumises à une autorité qui
va ensuite décider si ces versions seront utilisées. Inutile de dire qu'un
bon nombre de travaux, dépendamment de chaque production, va grossir
les archives de *concept design* qui ne serviront jamais pour l'œuvre. Drame
d'un monde contemporain où les productions ont réussi à négocier jusqu'à
la propriété intellectuelle, les artistes ne seront plus propriétaires de ces
concepts et ne pourront pas toujours y faire référence dans des travaux
ultérieurs. Ce métier requiert donc souvent d'accepter que des innovations
tombent dans l'oubli. Certains artistes négocient bien sûr cet aspect
dans leurs contrats et réussissent à conserver des usages exclusifs de leurs
inventions, mais il s'agit souvent d'auteurs dont l'influence est certaine

et qui ont derrière eux une carrière reconnue. Les plus jeunes ou moins célèbres pâtissent d'une certaine dureté des mondes de la création, faut-il le préciser. Il est possible de constater sur les réseaux sociaux des artistes-armuriers comme Peter Johnsson ou des entreprises comme celle de Weta Workshop de petites et subtiles indications sur leur rôle dans les séries.

Les éléments visuels de ces mondes médiévalistes répondent à une nécessité d'équilibre quant à l'historicité, dont ils ne peuvent totalement s'affranchir au risque de perdre la référence de leurs genres. Il est en effet important, pour l'adhésion inconsciente du spectateur, afin de construire une dimension culturelle à ce monde qu'il entrevoit à travers une fenêtre temporaire, d'y retrouver un certain nombre d'idées (parfois reçues) déjà présentes dans son imaginaire. Les conceptions des lieux, les décorations et l'architecture suivent par exemple les mêmes principes : les châteaux et les forteresses des deux séries sont une variation des références réelles des bâtiments historiques, dans un panel allant des plus simples bicoques aux constructions les plus délirantes.

Les habits et les armements de nos séries médiévales fantastiques mêlent ces deux aspects dans une réinvention des corps habillés, pour nous tenir en équilibre entre une crédulité historique suffisante et des inventions fantasmagoriques dépaysantes. Ces libertés avec l'histoire permettent un certain nombre d'innovations et de nouveautés visuelles qui participent ensuite de l'identité de ces mondes. Les productions les utilisent dans les opérations de communication, comme le trône de fer qui revient sur les affiches, ou les silhouettes des elfes en batailles, équipé d'armes et armures organiques entre japonisme et Art Nouveau suffisent à dépeindre une imagerie bien connue du grand public.

Mais au-delà des idées, un autre équilibre est nécessaire à la mise en place des effets : la faisabilité. Les corps des acteurs doivent en effet se mouvoir et pouvoir effectuer diverses actions durant le tournage, et des habits contraignants peuvent les en empêcher et même freiner la production, ce qui revient à perdre du temps, et donc de l'argent. Le cinéma et les séries ont besoin de corps qui « fonctionnent », les habillements des acteurs et des cascadeurs sont donc soumis à cette double polarité, qui régit la conception des robes, des coiffes ou encore des armures[3].

---

3    Voir l'article de Soline et Nicolas Anthore-Baptiste intitulé « Armes, armures et corsets : les secrets bien gardés des artisans spécialisés » à paraître dans la revue *Création Collective au Cinéma* en 2023.

Les armures des séries sont le plus souvent faite en matériaux légers mais plutôt rigides, comme de la résine. Celle de Gary Oldman dans le *Dracula* de Coppola, imaginée par Eikio Ishioka[4], est exemplative de cette complexité à laquelle font face les costumiers pour donner corps aux idées des concepteurs tout en les rendant fonctionnelles sur le plateau, ce qui n'est pas toujours une mince affaire[5].

Notons que les concepteurs de vêtements techniques tels que les armures marquent souvent les productions à travers des objets iconiques qui restent profondément ancrés dans l'identité de œuvres cinémato-graphiques, tout en étant souvent inconnus du grand public. Michèle Clapton a fortement influencé les armures de *Game of Thrones*, et son influence est palpable dans *House of the Dragon*, même si son rôle a été moindre (fig. 5). Des spécialistes comme Patrick Whitaker et Keir Malem sont derrière un bon nombre de films où des bustiers et armures de cuir apparaissent sans toutefois qu'ils ne soient toujours mentionnés[6]. De nombreux *art-designers* ont ainsi une « signature », amènent avec eux un style reconnaissable, parfois même des univers propres, qui sont faits de leur propre culture, lentement construits par leurs expériences[7]. Dans un autre registre, l'illustrateur John Howe, spécialisé dans l'œuvre de Tolkien depuis des décennies, a eu l'opportunité de travailler sur les trilogies du *Seigneur des Anneaux*, puis du *Hobbit*, et même récemment

---

4   Eikio Ishioka (1938-2012), en tant que directrice artistique, a pu imprimer sa signature dans des productions comme *Dracula* (1992), *The Cell* (2000), *Blanche Neige* (2012) et *The Fall* (2007), et ses designs de combinaison-armure en semblance de corps transis ou écorchés resteront dans l'histoire du cinéma.

5   Eikio Ishioka, *art and costume designer* pour le film, partant de l'idée d'un corps transi-écorché à la façon de Nicolas Flamel, a travaillé avec Chris Gilman de la firme Global Effect, qui a dû coordonner une équipe de sculpteurs et d'armuriers pour produire une armure fidèle aux dessins et fonctionnelles. Le temps pressant, les essayages étant complexes, l'armure ne fut pas tout à fait optimale lors du tournage et occasionna des problèmes que l'acteur a fortement déploré. Toutefois, l'effet visuel de cette armure reste unique au cinéma et a marqué les téléspectateurs.

6   Deux modeleurs et costumiers de cinéma installés à Londres, qui sont les artisans de pièces iconiques tels que la cuirasse de Brad Pitt dans *Troie*, les bustiers de Gal Gadot et des Amazones dans *Wonder Woman*, le corset de Helena Bonham Carter dans *Harry Potter*, mais aussi *Aquaman*, *Tomb Raider*, etc. Voir la fiche IMDB qui leur est consacrée (IMDB, s. d.) : https://www.imdb.com/name/nm1780778/

7   Pétris de culture de mode et de haute couture, Whitaker et Malem en importent natu-rellement une tessiture dans leurs réalisations destinées au cinéma. On peut s'en rendre compte dans les armures et bustiers de *Jack et le chasseur de géant*, où Ewan McGregor semble équipé d'une armure « super classe » version « catwalk ».

sur la série *Les Anneaux de Pouvoir*. Aux manettes de la création, à des degrés divers selon les productions, il conçoit, imagine, dessine et crée des myriades d'accessoires, de lieux, de costumes et d'armes. Il intègre dans ses créations un aspect extrêmement réaliste des matières, de textures et des formes des objets, en les dotant d'une fascinante apparence fantastique, les faisant ressembler à nuls autres. Ce mariage d'historicité et d'imaginaire, ce réalisme fantastique, se nourrit du vécu de l'artiste qui a été l'un des plus importants promoteurs de l'histoire vivante, ou de la reconstitution historique, dans le monde. Sa connaissance intime des objets historiques, de leur maniement, des gestes préposés à leur réalisation, enrichit ceux des objets de films qu'il aide à réaliser. Il est par exemple très certainement le responsable des silhouettes des épées de ces productions, des objets désormais entrés dans la pop-culture, devenus iconiques, qui font maintenant partie de notre imaginaire collectif[8].

Fig. 5 – Michele Clapton, directrice artistique et une armure utilisée pour le Limier de la série Game of Thrones © HBO tous droits réservés. Source : https://thefemalegaze.org/2017/09/28/profiles-in-art-michele-clapton-part-2/.

8    L'épée Anduril/Narsil est probablement l'épée la plus vendue au monde, sous ses variantes diverses, sous licence et non officielles. C'est en tout cas l'épée qui ressort le plus souvent dans les shootings photos lorsque cet accessoire est souhaité, qu'ils soient professionnels ou amateurs.

## RIEN NE SE CRÉE, RIEN NE SE PERD
## – L'ART NOUVEAU AU SECOURS DES ELFES

Les créateurs et designers des costumes imaginent donc de nouvelles formes au service des œuvres cinématographiques, sculptant les corps des personnages et participant de leurs identités. Leurs talents combinés à la qualité de la production, dans un effort homogène et cohérent, a toutes les chances de la transformer en œuvre iconique. Et pourtant, tout ne provient pas du néant : si les modeleurs et stylistes s'inspirent de leurs vécus et de leur propre culture, ils font également appel à des inventions du passé qui déjà renouvelaient en leur temps les corps imaginaires. Le cas des armures elfiques est exemplaire à ce titre et on peut ici en développer un aspect : l'histoire des représentations d'armures fantastiques dans l'art. Les formidables inventions d'Alan Lee et de John Howe pour les premières productions de la trilogie du *Seigneur des Anneaux* avaient mis la barre haute dans le domaine, et avaient déjà marqué l'histoire du cinéma d'une pierre blanche, influençant désormais de façon durable les autres productions sur la qualité à respecter pour les armements et leurs maniements. Il y eut un avant et un après pour le résumer, comme lorsque *Braveheart* changea les règles pour les prises de vues lors des batailles, le *Seigneur des Anneaux* transfigura complètement des pratiques établies, pour ne parler à titre d'exemple que de l'emploi massif de la cotte de mailles à l'écran. On trouve en effet désormais des chemises de mailles annelées dans toutes les productions sérieuses, de *Kingdom of Heaven* à *The Last Duel*, et les séries n'y font pas exception avec *Game of Thrones* et *Les Anneaux de Pouvoir*. Dans cette dernière œuvre, on va retrouver l'influence naturelle de marqueurs culturels du temps de l'auteur, J. R. R. Tolkien (1892-1973), comme les mouvements artistiques du Néo-gothique, de l'Art Nouveau, de la *New Sculpture*, du Préraphaélisme et du Symbolisme. Les descriptions du monde qu'il donne de façon si généreuse transcendent déjà cette époque, celle du début du XX$^e$ siècle encore pétri de ferveur historique, où le Moyen Age et la Renaissance fascinaient les esprits et les artistes. Il n'y a donc rien de surprenant à retrouver dans la série des *Anneaux de Pouvoir*, des inspirations et des références directes à des solutions déjà trouvées par d'autres créateurs qui ont œuvré précédemment dans l'imagination des apparences fantastiques.

Comment innover pour recréer des formes d'armures elfiques après la trilogie des films, en modelant quelque chose de propre à la série ? Il fallait à la fois rester dans le ton et réinventer. La solution vint ainsi du rétro-fantastique : l'œil averti reconnaît dans l'armure de Galadriel (fig. 6) les œuvres de deux grand artistes sculpteurs de la fin du XIXe siècle, sir Alfred Gilbert (1854-1934) et Henry Charles Fehr (1867-1940). A. Gilbert, figure de la *New Sculpture* marqua son temps par sa créativité[9]. Il se fixa ensuite en Angleterre jusqu'à sa mort, couronné de succès[10]. Il réalisa non seulement des monuments mémoriaux et des sculptures funéraires, mais également des bijoux, en enrichissant l'Art Nouveau de thèmes et d'inventions d'une puissance rare. L'une de ses figures classiques, que l'on retrouve dans plusieurs de ses œuvres, est un homme en armure, dont le style est complètement inconnu. Ni historique, ni contemporain du peintre, il s'agit d'une pure création, inspirée de galbes floraux et de formes de coquillages, dans laquelle on reconnaît quelques traits, là d'une barbute italienne de la fin du XVe siècle, là de brassards d'armure cannelée dite « maximilienne ». Un Saint Georges, réalisé en bronze et ivoire entre 1901 et 1910 et conservé au Musée d'Orsay, porte cette fameuse armure. Il s'agit d'un tirage de la figure originale réalisée vers 1891-1896 pour le monument funéraire du Duc de Clarence, au château de Windsor (Dorment, 1985) (fig. 6 à 11).

---

9    Formé à la Royal Academy School en compagnie de Franck Dicksee ou J. W. Waterhouse, puis à l'École Supérieure des Beaux-Arts à Paris où il fut l'élève de Jules Cuvelier, il continua sa formation à Rome et Florence, devint professeur de sculpture à Londres, puis s'installa à Bruges en 1901 pour y passer les premières années du XXe siècle et y rester pendant la Première Guerre mondiale.

10   Alfred Gilbert est également l'un des illustrateurs des romans des aventures de Sherlock Holmes d'Arthur Conan Doyle.

FIG. 6 – Galadriel en armure dans *Rings of Power* (c) Amazon Studios / New Line
Cinema. Source Wallpaper – images.alphacoders.com/124/1247535.

FIG. 7 – St George and the Rescued Maiden (exposé en 1898, no. 1478,
Walker Art Gallery, Liverpool) collection particulière.
Source : Wikimedia Commons, Royal Academy Pictures archives.

Fig. 8   Saint Georges, tirage à part d'une figure du duc de Clarence, Chapelle de Saint Georges, château de Windsor, Sir Alfred Gilbert, vers 1891-1895, collection particulière.

Fig. 9 – Barbute, vers 1460 (photo Metropolitan Museum, NY, Inv. 04.3.232).

Fig. 10 – Galadriel en armure dans *Rings of Power* (c) Amazon Studios / New Line
Cinema. Source : Wallpaper – images.alphacoders.com/128/1282659.

Fig. 11 – Armure cannelée dite "maximilienne et milanaise", gravée, vers 1530-
1540, ateliers germaniques (Nuremberg) inv 49.163.1a–s ; 27.183.15,.26,.31 (image
Metropolitan Museum of Art, NY, Gift of Alan Rutherfurd Stuyvesant, 1949),
Wikimedia Commons.

H. C. Fehr de son côté, est un contemporain de Gilbert qui s'illustra dans les monuments militaires dans toute l'Angleterre. Membre de la *Royal Academy*, il fut l'un des fondateurs de la *Royal British Society of Sculptors* en 1904. Il poursuivit une carrière moins mouvementée et connut une vie plus stable que Gilbert. Il laisse une œuvre riche en figures réalistes et historiques, des allégories de la Victoire et des mémoriaux de la Grande Guerre. L'une de ses figures rappelle le Saint Georges de Gilbert, qu'il ne put ignorer, mais il s'agit ici d'une version différente : si l'armure semble assez similaire, elle est également différente en bien des points, et on constate qu'il s'est réapproprié le sujet en suivant les mêmes logiques. On retrouve ainsi un Saint Georges en armure complète, réalisé pour le mémorial la Grande Guerre de Burton upon Trent (Staffordshire) (fig. 12), en 1922. Une partie de cette armure est également utilisée pour un autre Saint Georges du Mémorial de Leeds, réalisé également en 1922.

FIG. 12 – Saint Georges, War Memorial de Colchester, attribué à Charles Henry Fehr ou dérivé de son œuvre, vers 1924 (Colchester, UK). Source : archives de l'auteur.

L'armure de Galadriel a marqué les esprits lors de la sortie des premières images de la série. Attendue comme la venue du Messie, elle a vite emporté l'adhésion, et les *cosplayers* les plus acharnés se sont jetés dans le challenge pour la réaliser et interpréter le personnage lors de conventions. Comme les fans, la presse spécialisée salue la formidable création innovante. C'en est une au sens strict pour le petit écran bien entendu, mais c'est également le « rebondissement » d'une armure mise au point par deux des artistes sculpteurs les plus importants de la fin du XIXᵉ siècle. L'intérêt est en effet d'autant plus important que l'armure de Galadriel combine deux œuvres remarquables : on reconnaît certaines parties attribuables à Gilbert comme les tassettes (grandes écailles des hanches) tandis que le plastron de cuirasse est plutôt emprunté à Fehr. Cette magnifique invention née sous l'Art Nouveau autour de l'influence des formes de la nature et particulièrement des galbes floraux s'exprime ici de façon très intéressante, et contribue à enrichir la culture elfique déjà inspirée par l'Art Nouveau pour l'architecture et le costume chez les artistes qui ont pu donner des formes et des couleurs à l'œuvre de Tolkien.

Ajoutons que l'armure de Galadriel profite d'une autre innovation « elfique », empruntée elle à l'histoire. Nous pouvons de fait nous attarder sur sa cotte de mailles toute fine (fig. 13), probablement du *mithril*, comme la chemise de Bilbon et Frodon. Avec ses étoiles décorées, une allusion probable à la maison de Fëanor, ce vêtement renvoie aux cottes de mailles hongroises et de Transylvanie du XVIIᵉ siècle (fig. 14), et particulièrement à celle du Prince Ràkòczi György II conservée au Musée Magyar Nemzeti, recouverte d'étoiles dorées (fig. 15).

Enfin, ses gantelets retiennent aussi notre attention par leur inspiration historique et réaliste. Ils s'inspirent très probablement de ceux du début du XIVᵉ siècle, munis de doigts articulés sur lesquels les ongles sont « dessinés » dans le métal comme on peut le voir sur les gisants des années 1330-1340. Fantaisie de l'histoire des arts et techniques, ceux-ci avaient déjà probablement inspirés Charles Henry Fehr qui en a muni son St Georges de Colchester (fig. 16 à 18).

FIG. 13 – Galadriel en armure dans *Rings of Power*
(c) Amazon Studios / New Line Cinema. Source : wallpapersden.com.

FIG. 14 – Haubert d'honneur du roi Jean II Casimir Vasa, début XVIIᵉ siècle,
Musée de l'Armée Polonais, Varsovie. Source Wikimedia Commons, Artinpl.

FIG. 15 – Haubert de Rákóczi György II, Prince de Transylvanie, XVIIᵉ siècle, Magyar Nemzeti Múzeum, Fegyvertár N. d'Inv. 55.3539, Budapest, Hongrie.

FIG. 16 – Gantelet de Galadriel dans *Rings of Power*
(c) Amazon Studios / New Line Cinema. Source : wallpapersden.com.

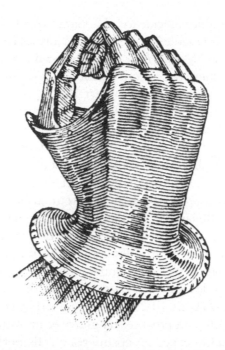

FIG. 17 – Gantelet en « sablier » à doigts articulés, milieu du XIVᵉ siècle,
Dictionnaire de Viollet-le-Duc.

FIG. 18 – Effigie funéraire de Sir Thomas Arderne (c. 1337-1391),
St Peter's Church, Elford. Source et autorisation : Tom Biliter.

Par une incroyable coïncidence, il apparaît que la série *Les Anneaux de Pouvoir* n'est pas la seule à puiser dans les formes fascinantes de l'Art Nouveau, et que le prequel *House of the Dragon* n'y résiste pas non plus. Les deux productions vont effectivement employer une autre influence intéressante, sans qu'il n'y ait de concertation a priori, provenant d'une même œuvre issue de la carrière d'Edward Burnes-Jones (1833-1898), un peintre préraphaélite anglais autodidacte. Collègue et ami du peintre William Morris, il a également fréquenté Dante Gabriel Rossetti, fondateur du préraphaélisme, Walter Deverel et le critique d'Art John Ruskin. Voyageant notamment en France et en Italie, il crée son propre style fait d'influences préraphaélites, de retour au classicisme et du goût des œuvres de la Renaissance italienne. Il est intéressant de noter que Burne-Jones fit des croquis et des études pour des costumes de théâtre et notamment des armures. Parmi les nouveautés, il imagine des armures faites d'écailles ou de pièces végétales, tantôt savamment installées, tantôt imbriquées de façon plus aléatoire. L'une de ces épaulières, sur le tableau *The Call of Perseus* (1877), représente Athéna en figure centrale, vêtue d'une armure, qui procure son glaive et un miroir à Persée pour qu'il aille tuer la Gorgone. Les épaulières qu'elle porte ont une forme qui apparaît sur le costume d'Elrond, sous une forme plutôt décorative, tandis que Daemon Targaryen en possède une version défensive sur son armure de Tournoi. Les dispositions des torses d'armures elfiques à l'aspect d'écorces de bois d'Arondir, l'elfe sylvain, ne sont également pas sans rappeler d'autres études de Persée réalisées par Edward Burne-Jones (fig. 19 à 24). Un phénomène est probablement à l'origine de ces apparitions combinées, à travers les plateformes de partage d'art comme Pinterest, où les œuvres de Gilbert et de Fehr sont apparues ces dernières années. L'Art Nouveau et le Préraphaélisme font bel et bien partie de la génétique de ces deux séries. De nombreux autres exemples viennent soutenir cet aspect observable dans les costumes : les décorations, l'architecture, les navires, et même les œuvres d'art présentées dans les épisodes (tapisseries, tableaux,…).

FIG. 19 – Étude de costume pour le roi Arthur de la pièce *Le Morte d'Arthur*
(J. Comyns Carr), E. Burne-Jones, 1895, Gift of The Tobin Endowment.
Source : The McNay Collection.

FIG. 20 – *The Call of Perseus*, E. Burne-Jones, vers 1877,
Southampton City Art Gallery. Source : Wikimedia Commons / Shuishouyue.

FIG. 21 – Elrond dans *Rings of Power*
(c) Amazon Studios / New Line Cinema. Source wallpapersden.com.

FIG. 22 – Daemon Targaryen dans *House of the Dragon*
© HBO. Source : Wallpapersden.com.

FIG. 23 – Arondir dans *Rings of Power*
(c) Amazon Studios / New Line Cinema. Source : wallpapersden.com.

FIG. 24 – Études pour *The Call of Perseus*, E. Burne-Jones, vers 1881, Birmingham
Museum and Art Gallery. Source : Wikimedia Commons / BMAG.

## LA CONTINUITÉ DES IMAGINAIRES
## – L'INNOVATION DES COMBINAISONS

Il est non seulement normal de retrouver des œuvres allégoriques plus anciennes dans une œuvre récente, puisque les artistes ont eux-mêmes formé leurs imaginaires fantastiques à partir de références existantes qui les ont fascinées, mais c'est en outre une qualité particulièrement fonctionnelle, qui ajoute à la richesse cohérente de ces univers. En effet, les formes plus anciennes contribuent à doter le propre passé de l'univers scénarisé d'une profondeur, d'antécédents, d'évolutions, comme cela existe dans notre réalité historique. Les codes de notre culture nous sont connus, on peut facilement reconnaître dans le style de quelqu'un un aspect « rétro » par exemple car nous évoluons avec les codes de la mode de notre temps. Mais quand il s'agit d'un passé imaginaire ou d'un monde fantastique, ces codes ne sont pas évidents pour nous, il faut les créer et ce n'est possible que grâce à un subtil design fait d'un mélange de références anciennes et innovantes.

Le fabuleux travail de Michele Clapton sur la série *Game of Thrones* est un cas d'école à ce titre : elle a été capable d'inventer des patronages et coupes de vêtements complètement nouveaux, certes à partir de références médiévales, mais qui vont se concentrer en des lieux précisément géolocalisés, jusqu'à créer de véritables cultures locales, du moins en a-t-on l'impression. On peut citer à titre d'exemple les fameuses robes-kimono de Cersei Lannister, ou encore les pourpoints baroques des Stark.

*House of the Dragon* se devait de restituer une réalité faite du passé de l'univers fascinant de la première série, qui avait déjà elle-même réussi à innover dans la représentation du médiéval fantastique à l'écran après la trilogie du *Seigneur des Anneaux*. La série a réussi ce pari. Parmi les choix brillants dans *House of the Dragon*, il faut souligner l'appel fait au créateur d'épées Peter Jonhsson. Il est connu pour être *designer* d'épées pour la firme Albion, mais s'est rendu célèbre ces dernières années avec une série d'épées d'Art[11], hommages aux divinités antiques, faites d'allusions à des formes connues d'armes anciennes mêlées à des nouveautés

---

11  Voir le site personnel de Peter Johnsson à ce sujet : Sword Reflections : https://swordreflections.com/

totales surprenantes, dans les galbes, les matières, la décoration. Pour la série de HBO, Peter Johnsson est l'auteur des deux épées en acier valyrien des Targaryen, *Blackfire* et *Dark Sister*, qui vont participer de l'esthétique forte de la série, grâce à des identités visuelles faite de cette même alchimie, d'ancien et de nouveau (fig. 25 à 29).

FIG. 25 – Blackfire, une épée des Targaryens, en acier valyrien, devenue épée du sacre de la série *House of the Dragon* © HBO. Source : Wallpapersden.com.

FIG. 26 – Épée d'honneur, en acier à la garde dorée, peut-être composite et remontée au XIXᵉ siècle à partir d'éléments du XVᵉ siècle.
Source : Metropolitan Museum, NY.

FIG. 27 – Daemon Targaryen, avec Dark Sister, une épée des Targaryens, en acier valyrien, de la série *House of the Dragon* © HBO. Source : Wallpapersden.com.

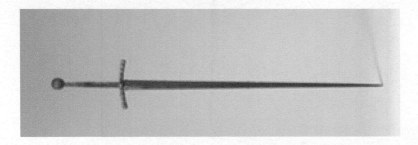

FIG. 28 – Épée bâtarde, début du XVᵉ siècle, Empire Germanique.
Source : inv. 2006.564, image Metropolitan Museum of ART, NY, Gift of Laird and Kathleen Landmann, in memory of Edmund Roy Hofmann, 2006.

FIG. 29 – Épée de cérémonie de la République de Ragusa (Dubrovnik), don du roi
Matthias I de Hongrie et de Croatie, vers 1466, KHM Wien, inv. A141.
Source : Wikimedia Commons / Sandstein.

Les armes et armures authentiques, celles du musée, ou celles représentées de leur temps par les artistes des siècles écoulés fournissent un imaginaire collectif des passés, antiques, médiévaux, Renaissance. N'oublions
pas que ces œuvres anciennes composent déjà avec des rétro-références,
puisque les primitifs italiens et flamands évoquent des figures bibliques,
comme les saints en armes qui doivent être identifiables par le spectateur,
grâce à des attributs connus (les ailes de l'archange Michel, le *gorgoneion*
ou *égide* d'Athena) et des styles antiquisants qui vont permettre de situer
immédiatement une différence temporelle entre le personnage et le public
qui le regarde. Les armures romaines musculaires à ptéruges (jupon de
lanières) sont aisément reconnaissables par exemple et représentent une
référence connue dès l'époque carolingienne pour évoquer le passé ou
des intervenants bibliques. De véritables armures *all'eroica* ou *all'antica*
(fig. 32) vont également être réalisées à la demande de riches clients

(Phyrr, 2000) qui souhaitent se construire eux-mêmes une identité forte faite de références à des figures connues d'un passé glorieux, comme celle de l'empereur ou du général romain (Godoy, 2003). Certaines de ces armures de la Renaissance sont conservées, celle de Charles Quint par exemple à l'Armeria Real de Madrid, mais on sait par des dépenses et des allusions que les princes du Moyen Age avaient déjà de telles pratiques pour les apparitions publiques ou pour les tournois. C'est déjà un emploi de rétro-référence au service d'une autorité par l'allusion à une figure de masculinité connue du passé, au corps musculaire des conquérants de l'Antiquité, eux-mêmes constituant des allusions à des héros mythologiques (Springer, 2010).

Fig. 30 – Plastron de cuirasse musculaire à l'héroïque, vers 1520-1530, Italie du Nord, Inv. G298, Musée de l'Armée, Paris.

Nos époques contemporaines cicatrisent une disparition des imaginaires également à travers le retour des figures guerrières féminines et ces œuvres audiovisuelles participent à ces retrouvailles et à cet enrichissement. Dans le passé médiéval, les corps antiquisés sont en effet plutôt masculins : ils reflètent la spiritualité à travers les œuvres conçues et commandées pour le culte, et ces figures bibliques sont des anges à l'apparence plutôt masculine, bien que leurs attitudes et silhouettes cultivent déjà une ambiguïté androgyne ou une identité de « fémasques[12] ». On note tout de même des références médiévales à des corps féminins armés contemporaines aux œuvres : Catherine de Sienne, Jeanne d'Arc, Caterina Sforza, autant de figures humaines qui vont progressivement intégrer le panthéon des figures héroïques modernes, mais qui, de leurs temps, n'ont pas de références plus anciennes assumées. Les milieux intellectuels et artistiques connaissent bien sûr les Amazones, la déesse Minerve, et des figures armées féminines, mais elles n'apparaissent clairement qu'à partir du début du XVe siècle. Dans l'Antiquité, les figures divines armées foisonnent, Athéna, Pallas, Artémis, les amazones et leurs équivalentes romaines sont bien connues des croyants qui leur vouent un culte, mais c'est seulement à la Renaissance qu'on les voit réapparaître ensuite, timidement au départ sous les traits des vertus, comme la Force ou la Tempérance, puis sous l'identité des neuf preuses, un reflet féminin des neuf preux, dont les noms ne sont pas toujours les mêmes dans les traditions italienne ou flamande[13]. Ces représentations des déesses et des figures guerrières féminines du passé (fig. 33), réinterprétées à la Renaissance vont nourrir l'imaginaire jusqu'à nos jours, et si le XIXe siècle va à nouveau vivre un paradoxe de représentation de ces allégories, elles vont revenir en force au cours du XXe siècle et constituer les références de nos héroïnes contemporaines dans nos séries et films préférés. Galadriel, Arwen, Tauriel, Sersei, Sansa, Arya, Rhaenyra sont les continuités de ces figures combattantes. Le carrousel des apparences

---

12  « Fémasque » : néologisme de l'auteur destiné à évoquer les figures de mode ou de cultures anciennes où les silhouettes et apparences présentent des références à plusieurs genres. Composé des mots « femme » et « masculin », sa terminaison permet d'évoquer les masques dans le sens vénitien de costume, habillement, déguisement. Le terme est employé par les auteurs Soline et Nicolas Anthore-Baptiste dans des ouvrages portant sur l'histoire de la mode où une protagoniste d'un tableau est par exemple habillée avec des influences masculines.

13  Luisa Piarulli, *La Decima Eroina, Suggestioni pscicopedagogiche dagli affreschi della Manta*, Fossano Core Editrice, 2012.

réalise ses révolutions autour d'un épicentre éloigné de nos mémoires, mais bien présent dans son rayonnement.

FIG. 31 – Penthésilée reine des amazones, tapisserie du début du XVIᵉ siècle, Arras ou Tournai, trésor de la cathédrale d'Angers. Conservée au Château d'Angers. Source : archives de l'auteur.

## CONCLUSION

Comme l'exemple des artistes qui ont précédé nous le montre, les appels aux références anciennes mêlées à de l'innovation constitue une pratique claire et observable dans les œuvres artistiques qui cherchent à représenter un passé imaginaire ou des mondes fantastiques. Les

deux séries plus particulièrement évoquées ici, avec des exemples précis, renouvellent des mécanismes de la création qui, depuis l'histoire
de la représentation, enrichissent la nouveauté grâce à des références
plus anciennes. Cet *upcycling* artistique est notre héritage culturel, la
« noblesse du monde », comme le disait André Malraux. Ce potentiel,
qu'ils en soient conscients ou non, touche les créateurs qui travaillent
aux apparences de nos héros et héroïnes préférées, et ce faisant, ils
cultivent cette noblesse.

Pour l'historien des objets et de la culture matérielle, les relations
entre l'artisan ou l'artiste et les œuvres de référence ou d'inspiration
ont évolué avec la société. Elles sont passées d'une culture physique
des objets dans les musées à une relation dématérialisée, là où autrefois
il fallait faire appel à des reproductions destinées aux amoureux d'art,
ou encore lire des ouvrages spécialisés, aujourd'hui on se tourne vers
des banques de données en ligne. Les liens forts n'ont pas disparu, car
les véritables passionnés de ces œuvres anciennes pour qui la présence
physique est irremplaçable, se rendent également dans les musées, et
consomment des livres et des recherches qui nourrissent leurs propres
imaginaires. Un vestibule supplémentaire a simplement fait son apparition, une interface qui permet de contempler sans bouger de chez soi,
à travers la culture dématérialisée et l'infosphère numérique. Internet a
transfiguré les médias et l'accès à la culture, et cette « augmentation »
virtuelle de la réalité, permettant une expérience de plus en plus réaliste
de la culture historique et artistique, questionne les mentalités. S'agit-il
d'une avancée ou d'une stagnation ? Cela constituera un recul lorsque
les œuvres réelles seront remisées dans les réserves, au risque de s'y
détériorer, et qu'on leur préférera leur « sauvegarde » virtuelle. C'est un
danger bien réel des pratiques de nos musées. En attendant, les nouvelles
antichambres que constituent les réseaux sociaux sont autant de vitrines
des musées et des institutions, offertes à la contemplation des publics,
les passionnés les utilisent pour associer des choses entre elles ou réaliser
des catégories, partager, échanger. Les interfaces comme Pinterest ont
très certainement accéléré les accès aux œuvres pour les *concept-designers*,
qui doivent généralement rapidement établir des tableaux de références.
C'est notamment sur cette application qu'il est possible en deux clics
de faire un lien entre les armures d'Alfred Gilbert et de Charles Fehr.
Les musées ayant mis en ligne des objets grâce à des images de bonne

qualité influencent cette culture, menant à retrouver également ces objets dans les références évidentes des séries. C'est un foisonnement plutôt profitable à la création. La seule chose à déplorer est peut-être l'effacement progressif des références conscientes, c'est-à-dire que les artistes et les *designers* commencent à ne plus pouvoir citer leurs sources, tant ils brassent d'images sans références écrites. C'est même le drame des intelligences artificielles : peut-être bien plus que les questions de droits intellectuels, c'est la disparition progressive de la mémoire qui est à craindre. Les œuvres restent et voyagent comme une image réminiscente imprimée sur la rétine, mais sans bagage, sans identité, puis disparaissent dans les arcanes numériques des back-ups obsolescents.

Quoi qu'il en soit, des artistes tels que Gilbert et Fehr ou encore Edward Burne-Jones, ont été pétris de cette dualité complice entre des références anciennes, et un mouvement artistique nouveau, un souffle, participe au bouillonnement du médiévalisme. Tout comme Fehr et Gilbert, Burne-Jones fut confronté à cette nécessité de représenter des corps fonctionnels mais fascinants, issus de ce mélange, dans le cadre de ses activités de concepteur de costumes de théâtre et d'opéra. Les croquis et dessins préparatoires sont les témoins primordiaux de son étude des objets historiques et de ses recherches de formes inconnues. Les armures authentiques y côtoient des interprétations nouvelles pour valoriser le jeu et l'action, emportant notre adhésion émerveillée. Les mêmes mécanismes étaient présents dans ces créations et les séries d'aujourd'hui en sont la continuité. Les costumes, armes et figures y ont des racines profondément ancrées dans les imaginaires et les créateurs et réalisateurs qui en ont conscience forgent certainement des œuvres qui ont toutes les chances de constituer des icônes inoubliables, reflets de nos passés et témoins de nos rêves nouveaux.

Nicolas P. BAPTISTE

# BIBLIOGRAPHIE

Baptiste Nicolas, 2019, *Pop-Arm*, Goyon In-folio.

Bogstad Janice M., Kaveny Philip E. (dir.), 2011, *Picturing Tolkien : Essays on Peter Jackson's The Lord of the Rings Film Trilogy*, Jefferson McFarland & Co.

Coppola Francis Ford, Ishioka Eiko, 1991, *Bram Stoker's Dracula*, Collins Publ. San Francisco.

Dorment Richard, 1986, *Alfred Gilbert sculptor and goldsmith*, London Royal Academy of Arts.

Edsor Simon, 2015, *Alfred Gilbert, Frederic Leighton & the New Sculpture* (exhibition), London, the Fine Art Society.

Fisher Jude, 2003, *The Lord of the Rings, The Return of the King, Visual Companion*, London Harper Collins Publ.

*Game of Thrones, The Noble Houses of Westeros, Seasons 1-5*, 2015, HBO.

*Game of Thrones, The Touring Exhibition*, 2018, Guide officiel de l'exposition, HBO.

Getsy David J., 2004, *Body doubles : sculpture in Britain, 1877-1905*, London Paul Mellon Centre.

Godoy José-Andrés, Leydi Silvio, 2003, *Parures Triomphales*, Genève Musée d'Art et d'Histoire de Genève et les 5 Continents éditeurs.

Hellqvist Björn, 2002, *The Men Behind the Swords in « The Lord of the Rings » An interview with Peter Lyon and John Howe*, Online paper (en ligne, http://www.foxtail.nu/bjorn/a_lotrinter.htm (consulté le 22/01/2023).

Howe John, 2007, *Fantasy Art Workshop*, Cincinnati Coll. Impact, David & Charles Book.

Howe John, 2018, *Un Voyageur en Terre du Milieu, mon cahier de croquis de Cul-de-Sac au Mordor*, Paris Christian Bourgois Ed.

Pyhrr Stuart W., 2000, *Heroic Armor of the Italian Renaissance : Filippo Negroli and His Contemporaries*, New-York Metropolitan Museum of Art and Yale University Press.

Sibley Brian et McKellen Ian, 2002, *The Lord of the Rings, The Making of the Movie Trilogy*, London Harper Collins Publ.

Springer Carolyn, 2010, *Armour and Masculinity in the Italian Renaissance*, Toronto University of Toronto Press.

« Whitaker Malem », (S. d.), dans *IMDB*, en ligne, https://www.imdb.com/name/nm1780778/ (consulté le 22/01/2023).

Woosnam-Savage Bob C., 2011, « The Materiel of Middle-earth : Arms and Armour », in Bogstad, Janice M and Philip E Kaveny (edsdir.), *Picturing Tolkien, Peter Jackson's The Lord of the Rings Motion Picture Trilogy*, Jefferson McFarland & Company Inc., p. 139-167.

# *UTOPIA,* MISE EN SCÈNE
# D'UNE THÉORIE DU CHAOS

Comment la fiction peut-elle rendre compte du désordre d'un monde moderne dans lequel rien ne va de soi mais où, pourtant, tout semble s'imbriquer parfaitement dans une sorte d'étrange osmose, enchevêtrement ténu de causes et conséquences à la fois impalpables et difficilement irréconciliables ? En se faisant elle-même univers à part, fiction-monde entrelaçant la multiplicité de ses enjeux et de ses récits au sein d'une arborescence narrative privilégiant l'éclatement et remodelant le réel à sa guise pour mieux en disséquer les aspects les plus anxiogènes.

*Utopia* (Channel 4, 2013-2014), série britannique créée par Dennis Kelly, semble de ce point de vue exemplaire, ceci dès son titre amorçant l'idée d'un monde à part, à l'écart d'un réel dans lequel elle infuse cependant de façon puissante. Le projet de ce programme semble moins de faire le portrait d'une réalité tangible que de tenter d'en arpenter, voire d'en fantasmer les soubassements, de faire du monde sensible un espace cryptique à déchiffrer dans une démarche conspirationniste moins directement critiquée qu'utilisée pour son efficacité narrative. Revoir en période post-Covid les deux saisons de cette fiction polémique brutalement interrompue par son diffuseur alors qu'elle semblait vraisemblablement inachevée au regard de son « final » s'avère très troublant. Elle semble en effet annoncer les dérives d'un monde contemporain ayant fait du doute complotiste et de la paranoïa généralisée, amplifiés par la pandémie, un ensemble de données de plus en plus prises en compte par une pensée commune réfractaire à un pouvoir qui mentirait perpétuellement.

## PROLIFÉRATION ET DIFFRACTION

L'impression de nébuleuse dans laquelle s'ébattent une multitude de personnages provient du principe de prolifération qu'adopte le récit d'*Utopia*. La série mène de front plusieurs arcs narratifs apparemment disparates, que le cheminement scénaristique du programme va lentement entremêler pour faire un ensemble cohérent : Becky (Alexandra Roach), Ian (Nathan Stewart-Jarrett), Wilson (Adeel Akhtar) et Grant (Oliver Woollford), quatre membres d'un forum de discussion passionnés par le premier tome d'une bande dessinée culte, « Utopia[1] », apprennent l'existence d'un second tome inédit de l'ouvrage, détenu par un cinquième membre qui va être assassiné par deux étranges tueurs à gages à la froideur pinterienne, Arby (Neil Maskell) et Lee (Paul Ready). Entrant en possession des dessins inédits, ce groupe de personnages ordinaires issus de la *middle class* va à son tour être la cible de ces impitoyables tueurs à la solde de l'organisation secrète « The Network ». Jessica Hyde (Fiona O'Shaughnessy), mystérieusement recherchée par Lee et Arby, retrouve les quatre fuyards et les aide à effacer leurs traces, avant de révéler qu'elle est la fille de l'auteur de la bande dessinée, Philip Carvel. De leur côté, les laboratoires Corvadt influent de façon brutale sur le gouvernement anglais pour qu'il achète leur vaccin en vue de soigner une hypothétique pandémie, la grippe russe. Le dernier récit raconte la trajectoire de Michael Dugdale (Paul Higgins), conseiller du Ministre de la Santé ; il est victime d'un maître-chanteur possédant toutes les preuves qu'il a mis enceinte une prostituée issue d'Europe de l'Est et le menaçant de tout révéler à sa femme.

À ces divers arcs narratifs qui ne constitueront qu'une infime partie du démarrage de la série et aux personnages qui les habitent et les font vivre s'agglomèrent de nombreux personnages secondaires qui gagneront en importance au fur et à mesure des douze épisodes qui constitueront le programme : dirigeants de Corvadt (interprétés par deux gloires du cinéma britannique, Stephen Rea et Edward Cox), agents dormants au cerveau lavé exécutant les ordres sans aucun scrupule, agente ambiguë

---

1    Nous utiliserons les guillemets sur l'ensemble de l'étude pour évoquer le titre de la bande dessinée appartenant à la diégèse de la série *Utopia*, ceci afin d'éviter toute confusion.

de la CIA (Milner est interprétée par Geraldine James), scientifiques plus ou moins véreux, vieil homme parlant en langue rom répondant au nom d'Anton (Ian McDiarmid). Cette prolifération se dédouble encore au sein de la diégèse en multipliant les identités des personnages : Anton s'avère être l'auteur Philip Carvel, qui a comme nom de plume Mark Dane, ; le tueur Arby a pour identité un surnom (RB, comme Raisin Boy, le personnage ayant le *gimmick* de manger des raisins enrobés de chocolat), son vrai prénom étant Pietre ; Grant, dissimulé derrière son écran et son clavier, fait croire à sa condition de *wonder boy* alors qu'il s'agit d'un adolescent délinquant ; la prostituée russe enceinte de Michael se trouve être une agente de Network. Ce trouble identitaire culmine avec le personnage nommé Mister Rabbit, chef de l'organisation Network se transformant en une sorte de mythe pouvant être n'importe qui, seulement reconnaissable à l'idéogramme chinois caractéristique scarifié sur son abdomen.

*Utopia* multiplie les signes, les chausse-trappes, les identités, les indices, les images jusqu'à vider l'ensemble des signifiants de leur substance. Le monde tel qu'il est ici décrit ressemble à un angle mort interprétatif, nécessitant tout à la fois la fuite des images qu'il génère (« *Évitez les caméras !* », entend-on régulièrement), le devenir-fantôme face à l'omniprésence du regard (le mantra « *Where is Jessica Hyde*[2] *?* » à la fois représentatif de la série et symptomatique de ses enjeux) et un talent d'herméneute permettant de le dompter et de le combattre (Wilson, survivaliste complotiste et redoutable lecteur de signes ; Jessica Hyde, violente et solitaire, au pouvoir herméneutique hors du commun, double de la Lisbeth Salander de la trilogie *Millennium* de Stieg Larsson). De ce point de vue, *Utopia* n'est pas sans évoquer le cinéma du réalisateur-sémiologue David Fincher, constitué autour de la maîtrise ou non des signes et de leur prolifération, décrivant un monde fragilisé par le trop-plein, où les forts sont ceux qui parviennent à le maîtriser tout en se condamnant à la solitude. Son adaptation de *Millennium : l'homme qui n'aimait pas les femmes* (*The Girl with the Dragon Tattoo*, 2011) et son projet alors avorté d'une adaptation américaine d'*Utopia* laissent à

---

2    L'onomastique du personnage est ici à la fois visible et complexe, « Hyde » renvoyant autant à l'évidente idée de dissimulation (*to hide* = se cacher) qu'à une référence plus complexe à *L'Étrange cas du docteur Jekyll et M. Hyde* de Robert Louis Stevenson, Jessica Hyde étant devenu un corps mutant, monstrueux, ambigu suite aux expérimentations de son père lui ayant injecté une molécule ayant influencé sa vie jusqu'à la déshumanisation.

penser que le cousinage Lisbeth Sallander / Jessica Hyde n'est pas une hypothèse dénuée de sens.

Le principe de prolifération se trouve particulièrement cohérent avec l'idée de viralité sous-tendant l'ensemble de la série. De la grippe russe que Network voudrait littéralement épandre sur le monde à son vaccin distribué aux quatre coins de la planète dont la molécule permettrait la stérilisation d'une majorité de la population mondiale (elle est appelée Janus, du nom de ce personnage mythique aux deux visages : nouvelle idée de démultiplication), du *mail* que pourraient envoyer les lanceurs d'alerte que sont Becky et ses acolytes au syndrome de Deel créé par Corvadt se transmettant génétiquement de génération en génération, la viralité est elle-même virale dans *Utopia*. Elle contamine jusqu'à la narration : chaque intrigue annexe, chaque personnage ajouté (qu'il soit présent temporairement ou de façon plus récurrente) ressemble à une excroissance, à un produit supplémentaire implanté dans un corps filmique mutant comme Philip Carvel avait alors administré Janus dans le corps de sa fille Jessica afin de faire d'elle le coffre-fort de chair de sa trouvaille. *Utopia* est bel et bien une série organique.

À la prolifération s'ajoute l'idée de la diffraction, d'un éclatement narratif et formel qui sert d'esthétique fondatrice au second tome de la bande dessinée « Utopia » et participant de la dimension cryptique de la série et du monde qu'elle dépeint. Le mouvement de la série s'opère donc selon une force centripète : à partir des pièces éparses dont l'éloignement suscite nécessairement opacité et incompréhension, la progression narrative permet la concentration du scénario vers le point nodal de la série se trouvant dans l'épisode « Fin de missions » (S1E6). Ce moment-charnière montre ce que représentent les planches protéiformes du manuscrit inédit de la bande dessinée. Alice (Emilia Jones), amie de Grant dont la mère est tuée sous ses yeux par Arby/ Pietre, reconstitue à l'aide des dessins une sorte de puzzle tordu au sein duquel Philip Carvel, ancien scientifique ayant travaillé pour Network, a dissimulé la structure de la molécule Janus. Cette révélation fracassante, sans pour autant permettre le déchiffrage intégral d'une réalité impossible à embrasser pleinement, reste assez puissante pour faire de la série une sorte d'adaptation tacite de la bande dessinée que la fiction télévisée a elle-même créée ! Par la résolution de ce puzzle (l'une des nombreuses énigmes soulevées par cet épisode très riche), la série établit une interdépendance troublante avec le manuscrit qu'elle met en scène et dont elle fait le personnage principal, peut-être plus que les êtres physiques qui le protègent. Qu'est-ce qu'« Utopia » sinon une œuvre disparate recelant de planche en planche un monde plein, entier dissimulant l'extinction du peuple de cet autre monde, sensible, auquel nous appartenons ? Qu'est-ce qu'*Utopia* sinon une œuvre diffractée dont la résolution ne peut provenir que de l'assemblage de ses divers arcs narratifs, de l'association actancielle de ses nombreux personnages, œuvre-monde prophétisant par sa dimension conspirationniste et profondément collapsologique le déclin d'une époque contemporaine complexe, illisible et vouée à sa perte ?

Allons plus loin : l'obstination de l'ensemble des personnages à rechercher Jessica Hyde en fait une sorte d'avatar de chair et d'os de la bande dessinée « Utopia » ; le manuscrit et la jeune femme sont deux œuvres du même homme, Philip Carvel, renfermant chacune à leur façon la troisième œuvre majeure de ce dessinateur/père/scientifique qu'est la molécule Janus. Jessica est à la fois « Utopia » et *Utopia*, corps renfermant leur mystère dans leurs allures mutantes, mystérieuses, diffractées et insaisissables qui ressemblent fort à des murailles sémantiques. Le rapprochement entre la bande dessinée, la série et son personnage majeur confirme de fait l'organicité d'*Utopia*, œuvre dont la violence graphique n'est finalement que l'expression brutale de la fiction faite corps diffracté et malmené.

## TOXICITÉ

Cette violence, parfois décriée (l'Ofcom, le régulateur britannique des médias, avait reçu une quarantaine de signalements suite à une séquence de la tuerie dans une école), tend également à prouver le caractère toxique d'un univers rongé par les collusions et ce paradoxe propre à une certaine forme de pensée extrémiste menant à exercer les plus viles ignominies à l'avantage d'une pensée utopique visant à rétablir un équilibre de vie sur la planète (pour aller vite, tuer l'humain pour sauver l'humanité). Cette toxicité se révèle de façon très efficace dans les plans d'ouverture d'une moitié des épisodes de la série ; six plans d'ouverture montrent en plan très large une nature colonisée par l'Homme : champs de blé ou de lavande, pour l'un d'entre eux assorti d'éoliennes vrombissantes. La quiétude des lieux est contrecarrée par quelque chose « qui cloche », résidant dans la mise en scène de ces plans anti-naturels à la colorimétrie résolument saturée, frappant l'œil par leur caractère vénéneux, exsudant le danger. Ces étendues agricoles, où le calme et les éléments semblent régner en maîtres, euphémisent cependant avec une certaine force la présence humaine et la nécessité de nourrir une espèce qui, elle-même, prolifère au même rythme que les personnages de la série. Ces plans sont anxiogènes en cela que leur quiétude apparente est dissimulatrice d'une forme paradoxale d'arrêt de mort de l'espèce humaine.

La toxicité du monde provient donc bel et bien de ses faux-semblants et de ses contradictions suscitant craintes et doutes, donc fantasmes en tous genres. *Utopia* se nourrit de cela, dépeignant un univers fictionnel gangrené par une incertitude généralisée, jusque dans le statut de personnages pour la plupart moralement insituables : si, dans la première saison, Wilson se révèle un opposant farouche à Network (attitude encore renforcée par l'assassinat de son père), il évolue, nous pourrions même dire qu'il mute en l'un des bras armés et des cerveaux les plus efficaces de l'organisation secrète, jusqu'à en prendre la tête dans l'ultime épisode de la série. De l'être intelligent mais peureux de la première saison, il parvient à devenir l'allégorie de la dangerosité et de la mort, tuant sans vergogne. À chaque action supposant une morale douteuse ou un geste de violence, on lui rétorque « *Ce n'est pas toi/vous.* », moyen rhétorique visant à le faire retomber dans son état primitif de faiblesse, à la condition de quidam que nous lui connaissions lors des premiers épisodes. Son ultime réponse avant de tuer Lee est sans détour quant à l'évolution du personnage : « *Je ne pense plus être moi. Plus maintenant.* » (S2E6). À l'inverse, le personnage d'Arby/Pietre passe d'une totale absence d'affects (culminant lors de la scène sidérante d'un massacre dans une école [S1E3]) à une volonté de renouer avec l'humain (fondation d'un foyer, retour vers les membres de sa famille nucléaire que sont Jessica Hyde et Philip Carvel) ; de personnage terrifiant, il devient presque émouvant et sympathique au regard de l'*origin story* que raconte le début de la deuxième saison (« Au commencement », S2E1). Sa trajectoire semble la même que celle de sa sœur ; Jessica, une fois libérée des geôles de

Network, retrouve des appétits humains (manger, séduire, faire l'amour), renoue avec son père et son frère dans un élan de tendresse protectrice nouveau pour elle.

Les personnages sont donc devenus instables, ne servent plus de points de repères moraux (ou immoraux) rassurants, jusqu'aux personnages de Becky, de Ian ou de Grant, anciens quidams insignifiants devant jouer aux fantômes dans une société de l'hyper-visibilité, Network les transformant en tueurs sanguinaires en trafiquant les images des informations télévisées officielles. Le mensonge est généralisé, la paranoïa est perpétuelle, l'hostilité envers les instruments de pouvoir scellée dans les esprits. La profonde noirceur d'*Utopia* se révèle dans sa façon de considérer comme immuables ces phénomènes de mise en doute du réel au profit d'une vérité parallèle ; d'une saison à l'autre se répètent les mêmes situations en en changeant seulement les protagonistes : si les informations font de Grant le tueur de l'école à la place d'Arby dans la première saison, les mêmes médias useront des mêmes stratagèmes pour faire de Ian le meurtrier de son frère ; si les vaccins sont incinérés à la fin de la première saison (dans un motif tout friedkinien de purification par le feu), la grippe russe et les mêmes vaccins sont le *leitmotiv* de la seconde saison ; nous retrouverons les mêmes problématiques sur l'identité de Mister Rabbit et sur les ambiguïtés du personnage de Milner d'une saison à l'autre, ainsi que l'atteinte à la famille de cette dernière par le syndrome de Deel (son fils dans la première partie de la série, son mari dans l'*origin story* lors de la seconde). Les deux saisons d'*Utopia* forment une sorte de boucle, donnant l'impression de ressassement d'un chaos immuable, donc désespérant. On peut considérer la seconde moitié du programme comme une redite « augmentée » de la première ; là se trouve peut-être la plus grande force dialectique et politique d'*Utopia*.

## DE L'HISTOIRE À L'INTIME

Derrière le thriller paranoïaque et visionnaire se dissimule une véritable série mélodramatique, sondant les effets du récit de la menace globalisée sur la trajectoire personnelle et intime des personnages. Le poids du mystère, du danger et du temps influent nécessairement sur les relations filiales, amoureuses, identitaires décrites dans *Utopia*.

« Au commencement » (S2E1) constitue de ce point de vue l'un des épisodes capitaux du programme. S'inscrivant dans l'Europe de la fin des années 70, lors d'une période cumulant crise pétrolière, crise politique (dont l'émergence de Margaret Thatcher, femme politique hissée au pouvoir par l'influence meurtrière de Network selon la série, est l'un des signes patents) et crise idéologique (les Brigades Rouges ayant assassiné Aldo Moro, comme annoncé lors des premières secondes de la saison), cet épisode a trois intérêts principaux. Le premier est de mettre en place les enjeux planétaires qui vont influencer la création de Janus, dont Milner et Philip Carvel (interprétés jeunes par Rose Leslie et Tom Burke) sont les deux maîtres d'œuvre ; en émaillant l'intrigue de spots d'informations et d'images d'époque, en laissant sourdre la menace d'une crise qui deviendrait perpétuelle du fait d'une surpopulation planétaire et de la violence terrible qui en découlerait, l'épisode ne fait rien de moins que de résumer la première saison et d'annoncer la suite de seconde, participant de l'effet de ressassement dont nous avons parlé plus haut. Ce dernier va de pair avec l'évocation du poids du temps et de l'Histoire sur l'intrigue et les personnages, menant à la réitération du même de décennie en décennie : c'est le second intérêt de l'épisode introductif de la deuxième saison, qui inscrit simultanément les protagonistes d'*Utopia* dans leur temporalité (les années 70, donc[3]) et dans une atemporalité étrange faisant de la crise, de la menace, du danger d'extinction de l'espèce humaine ou de la planète un serpent de mer inévitable[4].

---

3     Le choix du format 1/1, c'est-à-dire du format strictement carré, n'est pas sans intérêt. Ce qui pourrait ressembler à une afféterie formaliste s'avère plutôt le signe supplémentaire d'une contamination du récit sur la forme de la série elle-même, accentuant tout autant l'effet de viralité inhérent à *Utopia* qu'elle évoque une forme de somatisation, l'esprit de la série influant de façon ponctuelle sur son corps, sur sa forme organique. Ou quand le poids du passé sur l'intrigue au présent transforme quasiment l'épisode qui le traite en un flux d'images d'archives.

4     Cette idée était déjà présente dès l'ouverture de l'épisode « Où est Jessica Hyde ? » (S1E1) ; nous y voyions Arby et Lee pénétrer dans un magasin de bandes dessinées afin de récupérer le manuscrit du second tome d'« Utopia », déjà revendu à Bejan, le cinquième membre du forum qu'ils assassineront très vite. Le nom du magasin est Doomsday (le « Jugement dernier »), comme si l'endroit avait abrité la cause d'une extinction très prochaine, ce qui n'est pas insensé lorsqu'on apprend que les planches inédites contiennent en elles la structure moléculaire de Janus.

Cette *origin story* permet une présentation à rebours des personnages que nous aurons déjà fréquentés durant les six épisodes de la première saison, permettant de les considérer sous un angle plus particulier. « Au commencement » décrit la vie de famille de Philip Carvel, celle de son petit garçon Pietre sur lequel il fait d'abjectes expérimentations et qu'il abandonnera au détriment de sa sœur Jessica, ce qui déshumanisera l'enfant de façon profonde et durable, jusqu'à faire de lui un tueur à gages sans affect particulièrement effrayant, celle de sa femme qui le dénonce pour mauvais traitements et qui sera éliminée par Network pour ne pas porter préjudice à l'organisation et à son scientifique divinisé. Celle, enfin de la petite Jessica, enfant alors joyeuse, à la fois innocente dans ses jeux et sa candeur mais portant en elle le danger le plus absolu (Janus injecté dans son corps).

Elle est le signe de l'ambivalence du monde, jouant un soir sur une place romaine avec un homme employé par Network pendant qu'on menace son père de la torturer sans aucun scrupule s'il ne révèle pas ses trouvailles à l'organisation dont il cherche à s'émanciper. La candeur menacée, la promesse de la plus grande violence, la situation de la séquence en Italie, la mise en scène baroque aux chromatismes saturés font de la scène un hommage au *giallo*, et du prénom Jessica un hommage possible à Jessica Harper, actrice principale de *Suspiria* de Dario Argento (1977), contemporain de l'époque de la diégèse pour cette séquence. Série très référentielle, *Utopia* assume sa parentèle artistique ; si « Au commencement » retrace les liens filiaux complexes influençant l'ensemble du récit (première saison incluse), l'épisode permet également au créateur de la série de retracer une filiation artistique prépondérante pour la tenue esthétique du programme.

Le passé est lui-même conséquence d'un temps qui lui est passé (nous pourrions parler de passé antérieur), et qui marquera toutes les strates temporelles qui lui succéderont. Un élément scénaristique d'*Utopia* se révèle comme l'une des clés de la série. Les protagonistes apprennent qu'Anton, vieillard en partie sénile enfermé dans une cave et ne parlant visiblement pas l'anglais mais semblant étonnamment receler des connaissances scientifiques stupéfiantes, est Philip Carvel, génie créateur de la fameuse bande dessinée cryptique que tout le monde semble rechercher. Au détour d'un plan, nous apprenons par les numéros tatoués sur son bras gauche qu'Anton/Philip est un rescapé de la machine de mort nazie. Marius, un traducteur débusqué par les protagonistes, nous permet même de savoir que le vieil homme a été détenu étant enfant à Belzec, qui est historiquement le premier des trois camps d'extermination de l'*Aktion Reinhard* et le premier à avoir disposé de chambres à gaz. Choisir Belzec plutôt qu'un autre camp n'est scénaristiquement pas dû au hasard, ce camp-ci étant littéralement un prototype dans la terrible efficacité de l'extermination des peuples ; ce choix particulier, plus encore que celui qu'aurait pu être l'emblématique camp d'Auschwitz, constitue une forme de nouvelle *origin story* historique et funeste, le passé appliquant sa trace à même la peau du personnage.

De ce point de vue, Janus ressemble à un étrange travail de mémoire, dont la logique tordue serait de permettre de réitérer les brutalités des utopies totalitaires à fin de revanche ; si nous pensions que la molécule délivrée au monde entier allait stériliser une large partie de la population, la seconde saison nous apprend que Philip Carvel a modifié la molécule avant de l'injecter à Jessica afin d'en faire le coffre-fort de ses recherches : Janus ne fonctionnera que sur un peuple, celui dont il est issu, c'est-à-dire le peuple rom, éliminant tout le reste de la population en n'agissant pas face à une pandémie virulente et létale. Au génocide dont son peuple a été victime par le passé, Carvel répond au présent par une série de génocides permettant aux persécutés du passé de devenir le peuple d'avenir. Permettre le ressassement de l'histoire tout en en changeant les protagonistes : la structure d'*Utopia* et ses enjeux narratifs sont bel et bien en symbiose parfaite avec la noirceur de son discours sur l'immuabilité d'un chaos en sommeil, qui ne disparaît jamais vraiment et ne demande qu'à se réveiller.

La mort est partout dans *Utopia*, faisant de chacun des protagonistes des orphelins à leur façon : Jessica et Pietre ont perdu leur père et ont été pris en charge par des chaperons plus ou moins bien intentionnés (les patrons de Corvadt pour Pietre, un certain Christos pour Jessica) ; Wilson et Ian voient à distance leur famille se faire assassiner ; Grant se voit séparé de sa mère par les circonstances ; Alice voit la sienne être assassinée sous ses yeux ; Philip Carvel a perdu toute sa famille à Belzec ; Becky est atteinte du syndrome de Deel dont est mort son père. Et la série de recomposer des familles étranges, dysfonctionnelles, toujours sous la menace d'une explosion de violence : Jessica puis Pietre vont servir de guide à Grant comme le fit Christos avec la jeune femme ;

les quatre membres du forum au tout début de la série, formant une petite communauté à laquelle s'agrégera Jessica dès le second épisode ; Michael Dugdale recréant une famille factice en hébergeant Grant et Alice ; la famille Philip/Pietre/Jessica se recomposant dans l'épisode « Amnésie partielle » (S2E5), où le père fait montre de l'amour absolu qu'il porte à sa fille avant de tenter de tuer ses deux enfants dans un élan tragique shakespearien.

C'est le propre de la tragédie que de mêler les grandes actions mortifères de ses héros à leurs affects les plus profonds ; pourquoi Philip Carvel a-t-il créé Janus ? Pourquoi l'a-t-il injecté à sa fille ? Réponses : pour sauver son peuple, et pour sauver l'amour de sa vie en priorité. Ce que l'on pouvait prendre pour un geste cynique de savant fou prouvait au contraire sa grande lucidité et la profondeur des émotions et sentiments d'un personnage ô combien complexe. Ou l'Histoire comme un révélateur et un déchirement conjoints de l'intime, et les actions présentes comme une expansion, une prolifération des conséquences de celles du passé. Le chaos du monde contemporain n'est-il pas simplement la réponse au chaos de celui d'hier ? Ressassement, encore une fois.

Michaël DELAVAUD

# SÉRIES TÉLÉVISÉES,
# JEUNESSE ET POLITIQUE EN THAÏLANDE

La démocratisation des smartphones et des plateformes de streaming en Thaïlande a permis l'essor de l'industrie des séries télévisées adressées à la jeunesse (12-25 ans[1]). Par leur contenu et leur réalisation, ces séries contrastent avec les feuilletons télévisés qui dominent le marché de la télévision depuis des décennies (les « *lakorns* »), puisqu'elles abordent des sujets contemporains sous un angle nouveau. Sans surprise, la prolifération de séries jeunesse a ouvert des discussions sur des sujets politiques et sociétaux à travers les petits écrans. 2020 est qui plus est une date charnière dans l'analyse des séries jeunesse pour plusieurs raisons : des manifestations aux revendications inédites ont prouvé l'intérêt des plus jeunes pour la politique et les questions sociales, et la poussée du genre BL (Boys Love) depuis début 2020 en Asie du Sud-Est a conduit à l'essor d'un courant propice à l'expression d'idées politiques.

Six séries diffusées entre 2020 et 2022 permettront d'illustrer l'essor des séries jeunesse politiques : *The Gifted Graduation* (Waasuthep Ketpetch, 2020), *Hometowns's Embrace* (Likit Ruangnong, 2021), *The Eclipse* (Thanwarin Sukkhaphisit, 2022), *Not Me Series* (Anucha Boonyawatana, 2021), *Manner of Death* (Chookiat Sakveerakul, 2020) et *The Miracle of Teddy Bear* (Yuthana Lorphanpaibul, 2022). Un court aperçu des enjeux politiques et sociaux impliqués dans chacune de ces séries sera proposé afin de mettre en lumière les différentes formes d'engagement désormais présentes dans l'industrie audiovisuelle thaïlandaise. Il sera également question de montrer comment certains éléments de ces séries font écho à des thématiques d'actualités en Thaïlande.

---

1   Toutes les traductions du thaï vers le français sont de l'auteur. Les épisodes de séries thaïlandaises étant souvent mis en ligne en quatre parties, des mentions (…)/4 seront précisées lorsque des épisodes seront cités.

## *HOMETOWN'S EMBRACE* : UN BOYS LOVE DE L'ISAN

En 2021, le genre BL est déjà bien en vogue en Thaïlande et plus généralement en Asie de l'Est et du Sud-Est. Sa popularité incite alors des réalisateurs à profiter du mouvement pour concevoir des séries télévisées engagées qui atteindront probablement une audience large (une série BL pouvant à ce moment être visionnée par plusieurs millions de téléspectateurs sur les plateformes de streaming). La web-série *Hometown's Embrace* fait ainsi le choix de présenter certains des problèmes rencontrés par les populations rurales de l'Isan, la région du Nord-Est thaïlandais. À travers les figures de six jeunes hommes (Din, Than, Mangkorn, Mek, Khet et Dan), le programme présente certaines réalités du monde rural thaïlandais, parfois poussé à la caricature, mais avec un ton didactique. La série souligne par exemple le faible effectif d'enseignants dans les petites écoles (c'est-à-dire de moins de 120 élèves) : il n'est en effet pas rare qu'un seul professeur soit chargé de l'enseignement de toutes les matières d'un même niveau. Dans la série, c'est à travers les propos du personnage de Mangkorn, fils du directeur d'une petite école locale, que les difficultés d'accès à l'éducation en zone rurale sont abordées, et ce, sur plusieurs points. Tout d'abord, Mangkorn rappelle à Mek, jeune diplômé de Bangkok qui a été affecté comme instituteur à l'école locale, que les salaires des enseignants en milieu rural n'avaient rien d'enviable : de 3000 à 4000 bahts par mois (soit environ une centaine d'euros) (S01E02, 8'14).

L'apport politique de *Hometown's Embrace* tient dans sa démonstration de la faiblesse de la démocratie face à la corruption et les réseaux mafieux. Than est l'un des premiers personnages que l'on rencontre dans la série. Il revient dans son village natal après que sa mère a dépensé une somme d'argent conséquente pour lui permettre de suivre des études à Bangkok (et qu'il puisse ensuite revenir en Isan et participer au développement de cette région), mais découvre que cette dernière a été assassinée pendant son absence. La raison : elle menaçait une mafia locale de révéler leurs actions illégales, notamment certaines violations du droit immobilier, menaces qui lui coûtèrent la vie. Quant à Dan, un autre enfant de la région, il voit ses parents, deux politiciens locaux engagés pour le développement de son village, être exécutés sous ses yeux. Il apprend ensuite par Khet, autre enfant orphelin de la province dont la mère sans-abri a été abattue par les mêmes individus, qu'il s'agit de l'œuvre d'un groupe mafieux local multipliant trafics et délits en tout genre. De son côté, Than est informé que c'est cette même mafia est également responsable du meurtre de sa mère, et que son petit-ami, Din, est contraint de travailler pour ce groupe afin de subvenir aux besoins de sa grand-mère.

Ainsi, en plus de dépeindre les défauts de l'accès à l'éducation dans la campagne du Nord-Est, *Hometown's Embrace* est également l'histoire du combat de six jeunes hommes contre les activités mafieuses qui sévissent dans leur village, et partageant tous une volonté d'améliorer le quotidien de leurs concitoyens. Dans la série, plusieurs solutions sont proposées en ce sens. Tout d'abord, que ce soit Mek ou Than, les personnages ayant terminé leurs études supérieures partagent leurs connaissances de manière formelle ou informelle avec leur communauté. Ce qui est notable dans le cas de Than est qu'il choisit d'enseigner aux villageois les fondements de l'économie de suffisance, un modèle de gestion qui avait été promu par le roi Rama IX, et qui prônait une agriculture verte et respectueuse de l'environnement, une vie en communauté, et une recherche de l'autosuffisance alimentaire (S01E04, 11'57). L'économie de suffisance devrait ainsi permettre aux villageois une plus grande autonomie financière et de réduire leur dépendance aux créanciers privés, auprès desquels certains sont endettés. Deuxièmement, les jeunes protagonistes agissent concrètement sur le terrain pour mettre un terme aux activités mafieuses qui nuisent au quotidien des villageois. La série est centrée sur une collecte de preuves des différents délits commis par les criminels (notamment des photos), qui conduiront dans l'avant-dernier épisode à leur arrestation par la police.

Les œuvres cinématographiques portant sur les enjeux ruraux ne sont pas rares dans l'industrie thaïlandaise, ce qui est plus surprenant est le lien qu'entretiennent certaines séries traitant de ce sujet avec un autre courant pop-culturel depuis quelques années. Le personnage de Mangkorn lui-même fait allusion à l'une d'elle, *1000 Stars* (une série qui fit connaître la campagne du Nord-Thaïlande au public international), en précisant que « la vie ici n'est pas aussi belle que dans [cette] série » (S01E02, 8'45). Aussi bien *Hometown's Embrace* que *1000 Stars* appartiennent à ce que l'on nomme le courant BL, ou Boys Love, sous-culture devenue courant principal qui consiste en la représentation d'amours homosexuelles masculines. Choisir ce genre peut être considéré dans le cas de *Hometown's Embrace* comme une stratégie pour atteindre une plus large audience, le BL étant depuis la deuxième moitié des années 2010 devenu un genre *mainstream*, utilisé comme nouveau média populaire par plusieurs réalisateurs désirant transmettre des messages, notamment politiques, à un public large.

## THE GIFTED GRADUATION : IDÉOLOGIES CONTRE INTÉRÊTS

Il n'est pas surprenant qu'une part non négligeable des séries télévisées jeunesse thaïlandaises se déroule dans des lycées, *The Gifted Graduation* (suite de la série *The Gifted* dont les événement ont lieu deux ans plus tôt) en est un exemple. La série se déroule dans l'établissement fictif Ritdha Witthaya School, une école qui prône une méritocratie poussée à l'extrême. Chaque année, un concours interne à l'établissement sélectionne une poignée d'élèves de seconde pour leur permettre d'intégrer la classe Gifted, une classe élitiste leur accordant des droits supplémentaires par rapport aux autres élèves (meilleure connexion wi-fi, cantine privée, etc.). Les critères de réussite de l'examen Gifted ne reposent pas sur des connaissances scolaires, mais sur les prédispositions biologiques des candidats. Les élèves Gifted sont en vérité des individus possédant des pouvoirs surnaturels activés grâce à un enregistrement audio diffusé pendant la session d'examen, auquel réagissent certaines cellules du cerveau. La condition pour réussir l'examen d'entrée dans le programme Gifted réside donc dans le patrimoine génétique des candidats, l'examen n'offrant nullement une quelconque égalité des chances. Parmi les élèves concernés par ces talents spéciaux, Pang est l'un des plus illustres puisqu'il est capable de forcer quiconque à faire ce qu'il veut par simple contact physique.

Dans *TG*, ce programme avait dû être fermé à la suite de nombreux incidents, mais deux ans plus tard dans *TGG*, les nouveaux arrivants du lycée militent pour la réinstauration de ce programme dont ont profité leurs aînés. Finalement, un concours de circonstances pousse le ministère de l'Éducation à ordonner la réouverture du système Gifted, grandement attendu par une majorité d'élèves admiratifs de ce programme, détesté et contesté par une minorité de rebelles aux motivations parfois floues. Ces oppositions entre différents groupes d'élèves ne sont en vérité que l'écho de conflits entre « adultes » (en thaï *phû yài*, « grande personne »), à la différence que ces conflits ne sont pas idéologiques mais d'intérêts. Pour Supot (qui ne s'appelle pas réellement Supot, nous le verrons), directeur de l'établissement depuis *TG*, tous les moyens sont bons pour atteindre un objectif donné. À l'inverse, pour ses opposants, les valeurs du bien et de la justice doivent être invoquées pour définir autant cet objectif que les moyens déployés pour l'atteindre. Ce type d'opposition à la fois générationnel et idéologique n'est pas rare dans les séries jeunesse de manière générale.

Dans les années 80, Supot, un étudiant surdoué de la prestigieuse université Chulalongkorn, se découvrit capable de persuader quiconque de faire ce qu'il voulait en les touchant, et entreprit alors un projet de recherche scientifique sur les capacités surhumaines qu'il présenta à Pichet, ministre de l'Éducation, qui lui accorda son aval. Sa recherche le poussa à effectuer des expériences sur des sujets humains, conduisant à un désaccord entre lui et les autorités du ministère. Le travail de Supot permit toutefois aux équipes du ministère de sophistiquer un virus, le NYX88, mortel pour les personnes dotées de superpouvoirs, et s'en servirent par la suite comme moyen de contrôler ces individus par du chantage. Comme Supot refusa de continuer de travailler avec le ministère en découvrant ce virus, Yuth, un ami de Supot que l'on croyait mort, réapparut alors et opéra un surprenant coup de théâtre. Il révéla être la personne réellement dotée d'un potentiel de persuasion, et avait sophistiqué un stratagème pour faire croire à Supot qu'il était le détenteur de ce pouvoir, et souhaitait exploiter l'intelligence de Supot au profit du projet Gifted. Voyant que son ami continuait de refuser de se plier aux ordres de Pichet, il le fit se suicider, puis prit sa place en volant son identité. Le directeur du lycée Ritdha Witthaya que tout le monde nomme Supot est donc en vérité un imposteur très persuasif, qui s'est approprié les travaux scientifiques d'autrui et a manipulé les hauts gradés d'un ministère pour mettre en place un programme reposant sur des expériences à l'éthique douteuse, qu'il justifie publiquement par l'argument de l'intérêt national (S01E08).

En 2020, Time est un lycéen de classe de seconde de la Ritdha Witthaya School. Dès ses premières semaines dans le lycée, il prend connaissance d'un conflit entre un groupuscule d'individus, composé de cinq élèves, appelé les « Anti Gifted », et ses aînés Gifted. Les Gifted et les Anti Gifted ont d'abord commencé par opérer des actions conjointement, puis ont pris leurs distances en raison de désaccords de forme (les Anti Gifted acceptent le recours à la force tandis que les Gifted souhaitent rester pacifiques) et de fond (les premiers souhaitent la fin des seconds, lesquels pensent toutefois que leur programme n'est pas en lui-même la cause des inégalités). L'opposition entre ces deux camps peut d'ailleurs être mise en parallèle avec ce qui distingue en partie les partis Pheu Thai et Move Forward (anciennement Future Forward), deux partis politiques thaïlandais, à ce jour dans l'opposition. Le personnage de Pang explique que les Gifted ont enterré leur alliance avec les Anti Gifted après un attentat à la bombe organisé par ces derniers, qui fit deux victimes, une enseignante et une ancienne élève Gifted. Cet incident rappelle étrangement les événements qui opposèrent les chemises jaunes (les royalistes) et les rouges (les pro-Thaksin, le fondateur du parti libéral et réformiste Thai Rak Thai, actuel parti Pheu Thai) dans de violentes manifestations à Bangkok en 2010, et durant lesquelles des chemises rouges furent condamnées pour attaque à la bombe. Entre les jaunes et les rouges, un autre parti émergea par la suite : les oranges (le Future Forward), dont la couleur symbolise une volonté de proposer une opposition différente de jaune-rouge. Si la figure de Thaksin dérangeait les élites royalistes bangkokiennes par son aspect populiste et ses accusations de corruption, le Future Forward se veut anti-corruption et souhaite expressément réduire le pouvoir politique de la famille royale (en allégeant par exemple les peines pour crime de lèse-majesté), tandis les dirigeants du Pheu Thai font parfois preuve d'ambiguïté sur ce sujet.

En vérité, les élèves Gifted connaissant le fonctionnement du programme depuis alors plus de deux ans se doutent des conflits d'intérêts possibles entre les différents membres du corps enseignant et administratif de l'école, conflits d'autant plus saillants que cette année le ministère de l'Éducation est explicitement impliqué dans ce programme (alors qu'il était invisibilisé dans *TG*). Lorsque les personnages choisissent d'employer des termes vagues tels que « les adultes » ou « le pouvoir », c'est à un système plus global que leur lycée qu'ils font en fait référence. Par exemple, après le premier cas d'étudiant Gifted atteint du Nyx-88, le personnage de Pun affirme qu'« il est évident que les adultes nous cachent quelque chose » (S01E04, 4/4, 2'29), il peut désigner la classe dirigeante dans son ensemble, le mot « adulte » étant en thaï polysémique, et pouvant très bien désigner un supérieur hiérarchique. De façon plus subtile, on peut aussi lire en thaï sur un des tags peints à la bombe par les Anti Gifted « FUCK นายก (nayók) », ou en français « Fuck le Premier Ministre », bien que cette lecture ne soit pas la plus évidente (S01E02, 4/4, 12'00). Il y aurait ainsi, en plus d'oppositions contre un programme qui n'est méritocratique qu'en apparence, une forme de protestation plus générale envers la classe politique thaïlandaise dans *TGG*. En outre, il ne faut pas oublier le contexte politique dans lequel la série a été diffusée : après la dissolution du parti Future Forward en février 2020 (qui devient ensuite le Move Forward) et sous fond d'une exaspération générale de la junte militaire au pouvoir depuis le coup d'état de 2014, des manifestations (auxquelles grand nombre d'étudiants ont participé) éclatèrent durant l'été 2020 dans les grandes villes thaïlandaises. Une série telle que *TGG* racontant le combat de lycéens contre leurs dirigeants est vraisemblablement un clin d'œil à l'actualité politique thaïlandaise. Cet engagement politique des séries mettant en scène des lycées thaïlandais et le courant Boys Love alors populaire en Thaïlande se rencontreront très vite, *The Eclipse*, une série aux messages politiques multiples et représentant plus explicitement des mouvements étudiants, est un exemple de ce mélange des genres.


## DANS *THE ECLIPSE*, LES ÉLÈVES CHANGENT LES RÈGLES


En décembre 2021, la société de production GMMTV annonça une nouvelle série BL, *The Eclipse*, dont le teaser annonçait que la réalisatrice de cette série serait Tanwarin Sukkhapisit, une ex-députée du parti Move Forward (anciennement Future Forward), connue dans le milieu du cinéma thaïlandais pour son film *Insects in the Backyard* (2011) qui avait reçu un ordre de censure pour son contenu obscène. *The Eclipse* est l'adaptation d'un roman de l'écrivain Prapt dont le sujet est l'histoire d'amour entre un élève « inspecteur » (chargé de l'encadrement disciplinaire de ses camarades) et un lycéen rebelle et anticonformiste récemment arrivé dans l'école Suphalo. Si l'intrigue a tout d'une fiction BL (lycée de garçons, multitude de couples homosexuels…), elle a également la particularité de traiter de thèmes politiques et sociaux (une partie des personnages lutte par exemple contre le port obligatoire de l'uniforme).

« Quand Suphalo a des règles, nous sommes prestigieux », tel est le slogan du lycée dans lequel étudient les protagonistes. Tandis que la discipline mise en exergue dans cette école est perçue comme légitime par certains élèves, d'autres s'exaspèrent des règles trop strictes qui leur sont imposées. Le couple principal (toute série BL repose sur un couple principal), constitué de l'élève inspecteur Akk et d'Ayan, un nouvel élève à la personnalité anticonformiste, est représentatif de cette opposition. Pourquoi certains élèves acceptent-ils de se plier aux règles tandis que d'autres dénoncent leur absurdité et l'autoritarisme qu'elles nourrissent ? Pour Akk, devenir élève inspecteur est un moyen d'obtenir le prestige dont les enfants issus de milieux favorisés tels qu'Ayan jouissent depuis leur naissance (S01E05, 2/4, 10'37). En effet, alors qu'Akk est issu d'une famille modeste et que ses parents voient en l'élève inspecteur une source de fierté, il étudie aux côtés de camarades issus de milieux davantage privilégiés, faisant de la discipline un moyen d'intégration sociale pour lui.

Parmi ceux qui tiennent tête au club des élèves inspecteurs, Ayan et d'autres personnages se font remarquer dès le premier épisode en affirmant une idéologie bien distincte de la pensée dominante de Suphalo. Jamnan, Jamnong et Jamnian, un groupe de trois jeunes lycéens, protestent régulièrement dans et hors de l'enceinte du lycée pour diverses causes, telles que la fin du port obligatoire de l'uniforme. Pour les effrayer, les cadres du lycée et les élèves inspecteurs orchestrent la « malédiction de Suphalo », légende selon laquelle quiconque porte atteinte à la réputation du lycée serait châtié, mais qui n'est rien d'autre que des violences physiques commises par le personnel scolaire à l'encontre des élèves rebelles. En plus de ces trois personnages, Ayan milite dans une certaine mesure pour que le port obligatoire de l'uniforme soit débattu, mais par d'autres moyens. En cours d'histoire, il intervient pour faire remarquer à sa professeure que l'uniforme scolaire, pourtant censé effacer les inégalités entre les élèves, a été instauré par le maréchal Plaek Phibunsongkran, que l'enseignante qualifie elle-même de « dictateur » (S01E02, 3/4, 4'02). Il ajoute également que les manuels scolaires officiels ne devraient pas être considérés comme des sources de savoir incontestables.

Parfois par raccourci, c'est un système autoritaire général qui est indirectement dénoncé à travers le discours des personnages. Ayan est à plusieurs reprises surpris en train de lire, pendant son temps libre, *1984* de George Orwell, roman dystopique très populaire en Thaïlande et dont la présence dans cette série est éminemment politique. C'est dans le septième épisode que le contenu de ce livre, qu'Akk s'est alors procuré par curiosité, est mis en parallèle avec le régime politique thaïlandais tel que les personnages le perçoivent à travers le fonctionnement de leur établissement scolaire. Dans cet épisode, le groupe des trois Jam a de nouveau été interpelé après avoir manifesté à l'entrée du lycée contre le port obligatoire de l'uniforme, revendiquant les « droits de l'Homme » et la « liberté » des élèves de Suphalo, sous-entendant que ces derniers seraient bafoués. Quelques minutes plus tard dans l'épisode, Akk et Ayan se rendent à une conférence donnée par Prapt (l'auteur du livre original de la série mais aussi d'un autre roman dystopique récompensé en Thaïlande) sur *1984*, présenté comme un monde dans lequel un gouvernement autoritaire empêcherait ses citoyens d'exprimer leurs idées. Cette juxtaposition de scènes permet ainsi de comprendre que dans *The Eclipse*, c'est l'autoritarisme et la restriction de libertés individuelles qui rapprochent Suphalo de *1984*.

Les manifestations « étudiantes » montent en intensité au fil de la série, les trois Jam organisent dans le dixième épisode une protestation hors de l'enceinte du lycée dans laquelle ils agitent une banderole sur laquelle est inscrit en rouge : « L'école devrait être un lieu sécurisant, pas un lieu qui cultive l'autoritarisme » (S01E10, 3/4, 7'52). Les revendications de ces élèves convainquent davantage d'individus au fur et à mesure que les événements se succèdent, et les élèves inspecteurs commencent à leur tour à être plus ouverts à ces idées. La série se termine d'ailleurs par une scène positive à l'égard des revendications libérales, on y voit les trois Jam distribuer des prospectus pour leur club fraîchement fondé : un club pour les droits de la jeunesse (S01E12, 4/4, 0'42). Leur publicité n'est par ailleurs pas interrompue par le corps enseignant, ce qui indique que les personnages réformateurs ont atteint leur but dans la série : ils ont gagné en liberté d'expression sur des sujets politiques, et peuvent désormais tenter de convaincre de nouveaux élèves d'adhérer à leur groupe. *The Eclipse*, comme *TGG*, peut dès lors être comprise comme un appel à la protestation chez la jeunesse, tandis que la série *Not Me* représenterait le passage à l'acte.

## RÊVER D'UNE AUTRE SOCIÉTÉ DANS *NOT ME*

*Not Me* est une autre série BL à caractère politique, particulièrement novatrice par sa représentation d'injustices et d'inégalités sociales, thème qui a longtemps été laissé de côté par l'industrie BL. La série raconte l'histoire de deux jumeaux, Black et White, séparés durant leur enfance après le divorce de leurs parents, une juge et un ambassadeur. Black est resté en Thaïlande avec sa mère, mais s'entendant mal avec elle, il quitte le luxe familial pour vivre seul dans un logement modeste et étudie le droit dans une université de Bangkok. Quant à White, après être parti étudier en Russie avec son père et obtenu un diplôme en science politique, il revient en Thaïlande dans le premier épisode. Dès son retour dans son pays d'origine, White apprend que Black est tombé dans le coma après avoir été roué de coups, et décide de se faire passer pour lui afin d'enquêter sur l'agresseur de son frère, qui n'a pas été retrouvé. Cette expérience lui fait prendre conscience de la différence entre le milieu dans lequel il a grandi et celui de son frère : si l'on dit que l'habit ne fait pas le moine, c'est pourtant par la marque de ses sous-vêtements que Tod, ami d'enfance des jumeaux, arrive à distinguer le jumeau riche du jumeau pauvre (S01E01, 2/4, 9'48). Plus tard, c'est Gram, un ami de Black, qui est étonné de voir ce dernier (qui est en fait White) avec une coupe de cheveux soignée, du parfum et une peau lisse (S01E01, 3/4, 1'27).

L'apparence n'est pas le seul marqueur social par lequel White se distingue. Le jeune homme est dès son retour en Thaïlande mis en relation par son père avec des examinateurs du concours d'accès aux fonctions diplomatiques du pays : c'est le début de la mise en place d'un réseau de recommandations qui sera très bénéfique à White. Lorsque ce dernier s'apprête à passer l'épreuve écrite du concours en question, il se rend compte en discutant avec un autre candidat que ses relations familiales qu'il est privilégié par rapport à ses concurrents (S01E3, 2/4, 3'01). White réussit effectivement le concours malgré une prestation peu convaincante, après que son père est intervenu auprès du jury pour l'aider. Le soir même, la question de l'égalité des chances et des avantages dont disposent les deux jumeaux est de nouveau évoquée. White, de façon anodine, fait à Sean la remarque qu'il lit beaucoup. Sean répond que contrairement à White, il n'a pas pu bénéficier dans son enfance du capital culturel que des parents éduqués auraient pu lui transmettre, il a conscience qu'il doit redoubler d'efforts pour atteindre le niveau des enfants de la classe aisée. White découvre en outre dans le sac de Sean le livre *Politique, pouvoir, savoir*, écrit par un collectif de professeurs de l'université Thammasat, une université réputée en Thaïlande pour être plutôt de gauche, un signe discret renseignant sûrement sur l'orientation politique du personnage. Enfin, plus tôt dans l'épisode, comme si les scénaristes souhaitaient mettre en parallèle différents types de discriminations possibles dans l'accès à l'emploi, nous apprenions que la mère de Yok, un ami de Sean et Black, avait été refusée à un poste d'employée familiale à cause de son handicap : c'est une femme muette qui ne peut communiquer qu'en langue des signes. Après ce refus, elle explique à son fils que son handicap la pousse à persévérer plus que les autres pour obtenir un travail. Ces différents personnages de la série doivent tous fournir plus d'efforts que d'autres individus qui pour telle ou telle raison peuvent être considérés comme avantagés dans l'accès aux hautes fonctions, ou tout simplement à l'emploi.

Ce n'est pas seulement de cette représentation d'inégalités sociales que *Not Me* tire son côté avant-gardiste au sein de l'industrie BL, l'écart social qui sépare certains des personnages principaux est également un élément nouveau pour une série de ce genre. Ces différentes difficultés rencontrées par certains des personnages principaux de la série ainsi que par leurs proches sont très rapidement contrastées par la vie d'un autre personnage, celle de Tod. Quand ce dernier donne rendez-vous à White chez lui dans le quatrième épisode, c'est un luxueux immeuble en haut duquel Tod sirote du whisky dans un jacuzzi que le jumeau riche découvre avec surprise. L'appartement en question a en réalité été hérité par Tod à la mort de son père (Tod ne connaît même pas la valeur de son bien immobilier), qui avait fait fortune en fondant une entreprise d'import-export. Peu d'informations sont révélées sur ce sujet, mais Black révèlera que c'est Tod qui a provoqué sa chute dans le coma au début de la série, probablement à la suite d'une violente altercation liée à leurs désaccords idéologiques, Black étant un personnage luttant fervemment contre l'accumulation excessive des richesses.

Lorsque White découvre l'université de son frère jumeau et doit intégrer son groupe d'amis afin de se faire passer pour lui, il comprend très rapidement qu'il devra s'approprier des idées politiques avec lesquelles il n'est pas familier. Le sentiment d'injustice vécu par certains des personnages (comme en témoigne le conflit Black-Tod et les victimes de discrimination mentionnées plus tôt) les conduit à exprimer une défiance vis-à-vis de certaines institutions étatiques et envers les personnes de pouvoir. Lors d'un cours de droit, Gram, l'ami de Black, exprime sa défiance envers la loi thaïlandaise, au point qu'il considère que la Thaïlande n'est pas un État de droit et que la loi n'est alors pas instrument de la justice mais permet aux puissants de conserver leur influence (S01E01, 3/4, 4'12). La dénonciation des défauts de la loi thaïlandaise va même plus loin. Tandis que professeur de droit (fictif) Charus Kanchananiran est invité à donner une conférence sur le thème de l'impunité, il définit ce terme comme « le privilège d'être protégé en cas de faute », puis comme « la caractéristique du système juridique thaïlandais » (S01E04, 2/4, 10'35), affirmation que ne réfutent pas les héros de la série présents dans l'amphithéâtre.

Cette défiance envers certaines institutions étatiques dans *Not Me* s'exprime également par l'art. Dan, un des personnages secondaires de cette série, est un artiste de street art, que l'on rencontre dans un premier temps sous le pseudonyme de UNAR. C'est non sans un certain sarcasme que UNAR peint la société thaïlandaise à travers ses tags (il s'agit en fait d'œuvres de l'artiste thaïlandais Sippakorn Kewsantea), en dénonçant par exemple la hiérarchie sociale dans une des peintures murales où des policiers et des militaires dansent au-dessus des têtes des citoyens ordinaires (S01E03, 3/4, 6'18). Il s'avère finalement que Dan est en réalité un policier scandalisé par certaines des pratiques auxquelles il a assisté, voire qu'il a pu commettre en toute impunité. Yok (un ami de Black) et Dan finiront par collaborer sur le plan artistique : Yok, qui se revendique de l' « expressionnisme prolétaire » (il est spécialisé dans les portraits d'ouvriers nus) demandera à Dan de poser pour lui. Ce rapprochement artistique symbolisera le début d'un partenariat plus profond, puisque Dan aidera Yok et son groupe dans leurs actions politiques, bien que son métier de policier trouble significativement leur relation.

La danse et la musique sont deux autres arts au service de l'expression des idées politiques dans *Not Me*. Nutthapong N. Srimuong, du groupe de rap Liberate The People, fait un caméo dans le quatrième épisode : Il y joue un rôle secondaire, un personnage sans nom (peut-être lui-même) qui rappe pendant une session d'entraînement d'un club de danse urbaine. Le titre qu'il interprète est « To whom it may concern », un morceau de rap dont les thèmes sont entre autres les inégalités sociales en Thaïlande, la pauvreté, et les difficultés dans les milieux défavorisés, morceau né d'une collaboration entre les groupes de rap conscient Rap Against Dictatorship et Liberate The People, Nazesus et GSUS2. La prestation de Nutthapong et des danseurs dure plus d'une minute dans l'épisode, les danseurs ne sont vêtus que d'habits blancs ne couvrant qu'un peu plus que leurs parties intimes, sont pieds nus et exécutent une chorégraphie dont les mouvements traduisent colère et désespoir. Quant aux paroles, il s'agit du cri de détresse d'un individu apparemment issu d'un milieu rural qui extériorise sa colère envers les politiciens qui méprisent sa classe. Nutthapong est revenu sur Facebook sur cette collaboration, en invitant ses lecteurs à regarder *Not Me*, qui pour lui « [...] est une série dont le contenu peut être mis en relation avec la politique thaïlandaise actuelle[2] ». Chaque épisode trouvait en effet une certaine résonance dans la presse en ligne thaïlandaise après sa diffusion, notamment une désormais célèbre scène dans laquelle les héros manifestent pour la légalisation du mariage pour tous, qui faisait écho à une actualité brûlante en Thaïlande.

Les personnages de *Not Me* vont plus loin encore que ceux de *TGG* ou *The Eclipse*, ils agissent par des actions concrètes, mais dans la pratique, ils se heurtent à une résistance quasi-systémique : en effet, le changement que souhaite voir Black, Sean, Yok et leurs alliés n'est *a priori* pas désirée par leurs gouverneurs. Les protagonistes de la série rêvent de voir s'effondrer l'empire de Tawi, un homme d'affaires puissant, proche du

---

2    https://www.facebook.com/362298727511673/posts/1212135735861297/?sfnsn=mo, consulté le 30 novembre 2022

monde politique et ciblé par divers mouvements de boycott, mais ils ne parviennent pas à renverser son business, les scénaristes souhaitant en effet que l'engagement de la jeunesse soit perçu comme une anomalie au sein d'une société que ses dirigeants préféreraient maintenir stable. Lors du dernier épisode, un groupe de jeunes anti-Tawi manifestent devant l'immeuble de ce dernier, et une certaine symbolique peut être décryptée dans cette scène. Les manifestants sont perçus comme des nuisances par Tawi à travers sa fenêtre, ce dernier ne semble néanmoins pas tant effrayé par la masse de jeunes protestants qui demandent sa démission (à comprendre comme la fin de ses activités économiques et politiques), qu'il n'est exaspéré par le tumulte qu'ils provoquent. Tod avait sur ce point prévenu Black lorsque ce dernier s'était introduit dans son appartement pour tenter de le tuer : « Sans pouvoir, on ne peut pas changer cette nation » (S01E13, 2/4, 10'00), les manifestations étudiantes représentées dans la série ne sont alors qu'un simple incident au milieu d'une société gouvernée par une classe aspirant à la stabilité.

Une brève réflexion sur la place de la police dans *Not Me* conclura cette analyse. Une des raisons pour lesquelles Sean, camarade de Black qui deviendra le petit-ami de White, décide de s'engager politique-ment, est qu'il a perdu son père à cause de ce qu'il perçoit comme une coopération tacite entre le trafic de drogue organisé auquel participe impunément Tawi et l'institution policière. Celle-ci a masqué l'exécution extrajudiciaire du père de Sean par un policier en service, qui n'est autre que Dan. Non seulement cette institution est décrite comme corrompue aux grands capitalistes, mais certains policiers de *Not Me* sont en fait des délinquants. Dan, qui squatte de manière illégale un logement, le reconnaît lui-même : « Je suis un flic du coin, qui me soupçonnerait ? » (S01E07, 4/4, 6'54), signifiant que l'aura dont il dispose en tant que gardien de la paix lui permet de contourner la loi. C'est en partie du fait que cette autorité publique faut dans sa mission que les jeunes héros légitiment leurs actions : Yok explique à Dan que si les agissements de son groupe ne changeront peut-être pas la société comme ils le désirent, ce que fait Dan en tant que policier n'améliore pas davantage la vie du peuple. *Not Me* est donc l'histoire de jeunes étudiants qui souhaitent changer une société qu'ils décrivent comme injuste, et dont la source des principaux problèmes se trouve dans la manière dont cette société est gouvernée. En associant les codes d'un genre devenu mainstream en

Thaïlande et des messages subtiles, la réalisatrice Anucha Boonyawatana parvient à diffuser auprès d'une large audience des idées politiques originales pour l'industrie des séries, et parvient à instiller une dimension réaliste dans une série BL.

## *MANNER OF DEATH*, OU LE POUVOIR CORROMPU

*Manner of Death* est également une série BL politiquement engagée, adaptée d'un roman de Sammon, auteure et médecin. L'intrigue se déroule dans le village fictif de Viengphamork, et se construit autour du décès d'une certaine Janejira (Jane), professeure des écoles, dont l'autopsie par le médecin légiste Bun, un de ses amis proches, conclut à un meurtre, mais que les rapports de police dissimulent en le classant comme suicide. Bun, avec l'aide de Tan, homme aux desseins obscurs, continue d'investiguer de son côté sur ce crime tout en faisant pression sur la police pour qu'une enquête soit ouverte. Bun, Tan et leur entourage comprennent au fil des épisodes que leurs adversaires sont des « personnes d'influences », terme maintes fois répété dans le discours des personnages de la série. Que ce soient les policiers du commissariat local qui semblent couvrir un meurtrier ou encore des individus masqués exécutant un journaliste qui étudie le cas de Jane, de multiples éléments laissent comprendre que l'auteur du crime sur lequel enquête Bun est une personne influente. Les thèmes du pouvoir et de la corruption deviennent ainsi très vite centraux dans *Manner of Death*. L'enquête menée par les personnages principaux montrera que la victime, Jane, a été exécutée par Rung, sa sœur aînée, car elle menaçait de révéler le trafic d'humains illégal que Rung organisait dans son spa (S01E12, 1'51) et dans lequel pléthore de représentants du pouvoir officiel était impliquée.

Avec l'aide du journaliste Pat, Bun fait pression pour qu'une enquête soit menée sérieusement en partageant sur son second compte Facebook : « La professeure Janejira ne s'est pas suicidée #JusticeForJanejira » (S01E03, 12'28). Un épisode plus tard, il recontacte Pat et lui donne une interview (visage dissimulé) dans laquelle il révèle les résultats de ses autopsies. L'enregistrement circulera très vite après sa publication sur les réseaux sociaux, si bien que la police et la hiérarchie de Bun en prendront connaissance et lui reprocheront son engagement trop actif dans l'affaire Jane. D'autres cas contribuent à instaurer un climat de défiance envers la police locale. Alors que deux jeunes garçons se voient refuser leur dépôt du signalement de la disparition de leur amie (en vérité kidnappée avec la complicité de l'un des officiers), Bun intervient et déclare que les policiers de Viengphamork « ne travaillent que si leur hiérarchie le leur ordonne » puis sous-entend que la police locale n'est pas au service de sa population (S01E07, 4'48).

Les personnages principaux ont besoin de plusieurs épisodes pour se rendre compte du piège que les hommes de pouvoir leur tendent, la suite de la série leur révélera une véritable corruption généralisée de plusieurs représentants locaux de l'État. Certains membres de la police, mais également le juge Suradech, le député local Songchai[3] et le commandant Tung sont impliqués dans des trafics d'êtres humains (S01E14). Grâce à leurs postes, ces personnages camouflent leurs crimes et exécutent dans l'ombre et l'impunité tous ceux qui menacent de révéler leurs délits, jusqu'à ce que Bun et Tan obtiennent *in extremis* des preuves visuelles de ces agissements et les publient sur les réseaux sociaux, rendant publics les éléments corrompus de ces différentes institutions. *Manner of Death* est donc une série dans laquelle, par l'action spontanée d'un groupe de civils, un trafic illégal dans lequel des représentants de l'État thaïlandais sont impliqués est démantelé. Le thème de la corruption des garants de l'ordre public devient récurrent dans les séries jeunesse, *The Miracle of Teddy Bear* en est un second exemple.

## THE MIRACLE OF TEDDY BEAR, MIRACLE OU DÉSASTRE ?

*The Miracle of Teddy Bear* (TMTB, réalisée par Yuthana Lorphanpaibul en 2022) est la première série BL diffusée en prime time sur Channel 3, une des chaînes de télévision thaïlandaise les plus regardées. La famille

---

3    Pour ce qui est de la satire politique dans *Manner of Death*, notons que le nom du parti politique (fictif) de ce député est très proche de celui du Premier Ministre thaïlandais en fonction lors de la diffusion de la série.

principale de *TMTB* est composée de Mathana, une mère au foyer veuve, schizophrène et atteinte d'Alzheimer, en relation conflictuelle avec Nut, son fils homosexuel, dont on apprendra qu'il n'était pas en bons termes avec Sieb, son défunt père militaire, que Mathana avait d'ailleurs trompé avec Saen, le frère de Sieb. Saen est quant à lui marié à une voisine, Jan, mais a toujours défendu Mathana lorsque Sieb la battait, et est même allé jusqu'à provoquer la mort de son frère pour sauver cette femme des violences conjugales dont elle était victime. Jan est profondément jalouse de la relation que Saen et Mathana entretiennent, jalousie qui se transforme progressivement en haine vicieuse. Le quotidien de cette famille bascule le jour où l'ours en peluche de Nut prend vie : Tofu devient le nouveau membre de ce ménage et sa présence ne fait qu'accentuer les différentes tensions qui enveniment le foyer depuis des années.

*TMTB* est autant l'histoire d'amour entre Nut et son ours en peluche qu'une enquête policière sur la violente agression de Tatarn (un jeune homme qui s'avère être l'ancien petit-ami de Nut et le neveu de Jan), retrouvé inconscient sur des rails en pleine nuit, et une série traitant subtilement de sujets sociétaux. En plus des nombreux éléments de décor faisant référence à des événements politiques thaïlandais, les personnages sont, comme le révèle leur discours, politiquement engagés. Au fur et à mesure que l'intrigue se déroule, le téléspectateur apprend que Tatarn s'était attiré les hostilités des directeurs de la société de construction TRD, proche de personnes d'influence. Alors que Tatarn manifestait contre la déforestation opérée par cette société dans la province de Chiang Mai, les cadres de l'entreprise décidèrent d'employer tous les moyens pour se débarrasser de cet opposant gênant. L'opposition marxiste entre les puissants capitalistes et les opprimés est néanmoins bien moins visible qu'elle ne l'est dans *Not Me*, les agissements criminels de la société TRD se fondant dans des conflits familiaux sans liens directs avec des enjeux politiques ou économiques. Le dénouement de l'histoire est une illustration de cette distillation du politique dans les affaires privées. Tofu réussit progressivement à prouver la responsabilité de Jan et Saen dans l'agression de Tatarn, celui-ci avait connaissance du crime commis par Saen à l'égard de Sieb et constituait dès lors un témoin dangereux. Pour protéger Saen et parce qu'elle partage des intérêts communs avec TRD, Jan empoisonne Tofu, et lorsqu'elle voit ce dernier agoniser, elle n'a nullement peur des sanctions qu'elle encourt : « Je sais que TRD

peut m'aider. […] Les gens qui ont du pouvoir sont au-dessus de la loi. »
(S01E16, 20'37). Après le décès de Tofu, Tatarn sort du coma et retrouve
finalement Nut, à qui il confie regretter qu'il est « dommage que la loi
ne puisse pas atteindre TRD » (S01E16, 1:09'07). En effet, Jan ne sera
pas arrêtée après que Tofu a rendu l'âme, protégée par Saen.

La question du pouvoir et de la domination n'est pas uniquement
traitée à travers l'influence exercée par de grandes entreprises sur l'intégrité
du système juridique. Nut, personnage principal de *TMTB*, est lui-même
auteur d'un roman BL inspiré de sa propre histoire avec Tatarn et des
discriminations qu'il a pu subir. De par les expériences traumatisantes
qu'il a traversées durant son adolescence, il ne parvient pas à écrire une
histoire d'amour heureuse. Le directeur artistique pour lequel il travaille
le lui fera d'ailleurs comprendre, ce qu'il écrit (sa propre histoire, une
mise en abyme de ce que voit en fait le téléspectateur) n'est ni mignon
ni romantique, n'entre pas dans les codes des séries BL et n'atteindra
de fait pas le cœur des spectateurs (S01E06, 1:04'27), ce que le relatif
succès de la série confirmera non sans une certaine ironie. Tatarn est
quant à lui artiste-peintre. À travers ses tableaux, il exprime différentes
opinions politiques liées à sa sexualité, et milite notamment pour la
légalisation du mariage pour tous en Thaïlande (S01E12, 1:04'01). Il
poursuivra d'ailleurs ses activités d'artiste militant mlgré l'impunité
dont a joui TRD jusqu'à la fin de la série.

Nut est une sorte de héros anti-patriarcal, son discours sur les questions de genre dans la série provient effectivement de la haine qu'il
éprouve envers son père. Les violences familiales qui ont agité son
enfance, non seulement homophobes mais aussi sexistes, ont nourri
en lui une haine de tout ce qu'incarnait son géniteur, par exemple à
l'encontre de l'institution militaire. À l'âge adulte, notamment grâce
à ses nouvelles rencontres, Nut parvient à panser ses plaies et réussit
accepter pleinement son identité. La série se terminera par une demande
en mariage de Tatarn à Nut : « Même si la loi ne nous le permet pas,
veux-tu m'épouser ? » (S01E16, 1:21'11), proposition qui montre que
les personnages ont su trouver leur place dans leur société, quand bien
même celle-ci ne les accepterait pas tout à fait complètement. Les liens
entre le coma de Tatarn, l'impunité de la société TRD et le combat
de Nut et Tatarn sur la question de la sexualité sont complexes, la
relation entre ces éléments demande seize épisodes pour se cristalliser.

Quoi qu'il en soit, dans *TMTB*, l'impuissance de la loi face aux crimes commis par la société TRD est la même lorsqu'il s'agit d'avancer sur des sujets tels que le mariage pour tous. Là où le style de Prapt peut être reconnu, c'est dans la manière dont différentes formes d'oppression sont interconnectées, les maux d'une société sont interdépendants, et cette connectivité fait que l'œuvre ne peut se terminer sur une résolution totale des problèmes. Les personnages principaux souhaitent améliorer leur société, comme dans toutes les séries étudiées ici, mais comme dans *Not Me*, les liens entre pouvoir public et intérêts privés sont trop fort pour que les protagonistes puissent renverser une société puissante.

L'industrie audiovisuelle thaïlandaise connaît un tournant depuis maintenant quelques années. À travers des séries télévisées destinées à un public jeune, certains réalisateurs ont fait le choix de diffuser des messages politiquement et socialement engagés. Parmi les thèmes de prédilection de ces séries, les plus prolifiques semblent être la méritocratie illusoire, les inégalités sociales, la corruption, et même parfois le régime autoritaire de la Thaïlande. Les séries télévisées jeunesse thaïlandaises présentent des personnages issus de milieux sociaux très divers qui se côtoient, et des groupes aux intérêts opposés qui s'affrontent, révélant implicitement certaines tensions qui structurent la société thaïlandaise contemporaine.

Nicolas BARCIKOWSKY

# « LES SÉRIES BELGES ONT ATTEINT UNE CERTAINE NOTORIÉTÉ »

## Entretien avec Karin Tshidimba

Karine Tshidimba est journaliste, spécialiste cinéma et séries du quotidien *La Libre Belgique*.

Ioanis DEROIDE : Dans un paysage sériel de plus en plus mondialisé, comment vont les séries belges ?

Karin TSHIDIMBA : Aujourd'hui, les séries belges francophones ont atteint une certaine notoriété, ce qui était l'objectif du Fonds séries, créé en juillet 2013 par le gouvernement de la Fédération Wallonie-Bruxelles et la télévision publique francophone, la RTBF. Cette création répond à une volonté de soutenir la création de séries 100 % belges parce que notre territoire était déjà réputé pour son cinéma (les frères Dardenne, Jaco Van Dormael…) et pour ses documentaires, et qu'en termes de séries il n'était plus admissible que l'identification se fasse seulement à travers des séries américaines, anglaises ou, surtout, françaises. On reçoit toutes les chaînes françaises chez nous et les séries qui marchent bien en France comme *HPI* (TF1, 2021-) sont souvent des succès ici également. Il y a aussi une grande tradition des coproductions franco-belges. Et puis plus généralement, chez les comédiens belges, on a longtemps considéré qu'il fallait d'abord être connu en France pour devenir une « star » en Belgique. Donc développer des séries entièrement belges, cela pouvait apparaître comme une nécessité mais ce n'était pas un objectif facile à atteindre.

I. D. : Quel bilan peut-on tirer de cette politique volontariste des autorités wallonnes en matière de création de séries ?

K. T. : Il a fallu un certain temps pour que les premières séries soutenues par le Fonds séries soient mises en production et qu'on puisse mettre à l'antenne quatre séries 100 % belges sur la RTBF pour couvrir toute la saison. C'est le cas pour la première fois en 2022-2023 avec, à partir d'octobre, *Des gens bien*, *1985*, *Attraction*, et enfin la troisième et dernière saison d'*Ennemi public*. La saison passée, la RTBF a programmé *Baraki*, *Pandore* et *Fils de* qui étaient aussi des projets soutenus par le Fonds séries.

Toutes ces séries sont diffusées sur la première chaîne (La Une) ou sur la deuxième (Tipik) qui s'adresse à un public un peu plus jeune et urbain. Elles sont disponibles également sur Auvio, la plateforme de streaming de la RTBF.

Donc d'un côté, oui, on peut dire que les séries belges se portent bien parce qu'elles s'inscrivent dans une programmation régulière et parce qu'elles commencent à être reconnues à l'étranger : certaines ont été achetées par Netflix, par la télévision française, et même par la VRT, la télévision publique néerlandophone, qui a diffusé des séries francophones ces dernières années, comme *La Trêve* (2016-2018) et *Ennemi public* (depuis 2016), ce qui n'était pas arrivé depuis des années.

I. D. : Vous mentionnez la VRT et cela rappelle l'existence d'une frontière linguistique très marquée en Belgique.

K. T. : On touche là au grand paradoxe de la Belgique. Par exemple, il faut savoir que la RTBF et la VRT ont leur siège dans le même bâtiment à Bruxelles. Et pourtant, en matière de programmes télévisés, il y a une espèce d'étanchéité entre les deux parties du pays. Mais la Flandre a un temps d'avance sur la Wallonie et a fait figure de modèle à suivre parce que les séries belges néerlandophones marchent très bien en Flandre depuis le début des années 2000. Et d'ailleurs, c'est le même raisonnement qui a été tenu de ce côté-là de la frontière linguistique : les Flamands ont développé leurs propres séries parce qu'ils ne voulaient pas être « envahis » par les productions des Pays-Bas. Et aujourd'hui, les chaînes flamandes diffusent principalement des séries produites sur leur territoire. Il faut dire qu'en Flandre, il y a tout un système de promotion des productions locales qui n'existe pas du côté francophone et aussi un plus grand esprit d'indépendance qui fait que les Flamands qui veulent développer des coproductions internationales ne se tourneront pas facilement vers les Pays-Bas, ils préféreront chercher des partenaires en Angleterre. Alors qu'ici, pendant longtemps, la solution de facilité quand on voulait augmenter un budget, c'était d'aller chercher de l'argent à Paris.

I. D. : Vous parlez de projets séparés et de partenaires étrangers : il n'y a donc pas de co-production belgo-belge ? Ou au moins de circulation des séries belges de part et d'autre de la frontière linguistique ?

K. T. : Avant le succès récent de quelques séries francophones en Flandre, quelques séries flamandes ont bien été diffusées par la RTBF mais sans grand succès. Par exemple, *Windkracht 10* (*Sauvetage en mer du Nord* en VF), qui est une série de la fin des années 1990, avait fait d'excellents scores sur la VRT et semblait pouvoir plaire de côté-ci de la frontière linguistique parce que c'est une série d'action sur les secours en mer et que la mer est un élément familier pour la plupart des Belges, et pourtant les audiences n'ont pas été extraordinaires. Je pense à un autre exemple isolé, *De Smaak van De Keyser* (*L'Empereur du goût*), qui est une saga familiale centrée autour d'une genièvrerie proche de la frontière linguistique. C'est un projet flamand auquel la RTBF s'est associée en cours de route. Mais le succès n'a pas été au rende-vous hors de la Flandre.

Mais le vrai premier projet bilingue, dès l'écriture, c'est *1985*, qui a été présentée au festival Canneséries en 2022 et diffusée à partir du 22 janvier 2023 simultanément sur la VRT et la RTBF. Il y a une logique derrière cela parce que la série revient sur l'affaire des « Tueurs du Brabant », des attaques à main armée très sanglantes qui ont eu lieu surtout en périphérie de Bruxelles, aussi bien dans des communes francophones que flamandes. Donc il y avait une vraie justification à ce que ce projet soit porté par les deux régions linguistiques. Le scéna-riste principal, Willem Wallyn, est néerlandophone mais parfaitement bilingue et il a déjà travaillé avec la RTBF donc dès le début du projet, la VRT a contacté la RTBF pour lui dire qu'il n'y aurait pas de sens à faire une série sur cette histoire commune si les deux chaînes nationales belges ne s'associaient pas.

I. D. : On résume souvent les séries scandinaves ou israéliennes par exemple à quelques caractéristiques. À quoi reconnaît-on une série belge ?

K. T. : Les médias ont beaucoup parlé de *Belgian noir*, c'est-à-dire des séries sombres avec des meurtres, la forêt… C'est dû en partie au fait que les premiers projets soutenus par le Fonds séries devaient être très wallons donc montrer la forêt, les Ardennes, plutôt que la côte et la mer qui sont davantage associées à la partie nord de la Belgique. Un autre marqueur, qu'on voit bien dans *La Trêve*, c'est la présence des accents. Dans cette série, on a un personnage de flic flamand (René Verselt joué par Tom Audenaert), très apprécié du public. Il emploie des expressions savoureuses quand il parle français, qui passent pour du « parler belge » pour le public français ou international, mais ce sont en réalité des expressions flamandes.

L'autodérision est une autre caractéristique, comme l'est aussi la volonté de mettre en avant des « gens simples » pour paraphraser le titre de la dernière série de la RTBF, *Des gens bien*, qu'on doit aux créateurs de *La Trêve*. C'est une comédie noire, dont Arte est coproductrice, et qui compte un certain nombre d'acteurs français, mais qui reste une production belge.

I. D. : Si les séries belges ont une personnalité affirmée, cela signifie-t-il qu'elles manquent de variété ?

K. T. : En termes de genres fictionnels, certains sont moins bien représentés. Les séries récentes qui n'ont pas marché étaient souvent des comédies. *Baraki* a passé le cap de la première saison mais elle est diversement appréciée. Nous n'avons pas de comédies aussi fédératrices que les séries dramatiques. Netflix, pour son premier projet belge, a proposé *Into the Night* (2020-2021), qui est une série de SF post-apocalyptique. Mais c'est une série très internationale en fait, tant au niveau de la production que des comédiens, et qui s'adresse à un public plus réduit qu'une série policière par exemple.

I. D. : Dans quels autres domaines reste-t-il des progrès à faire ?

K. T. : Ce n'est pas propre à notre pays mais les séries belges ont encore du travail pour représenter la société dans toutes ses composantes. Quand on regarde une série britannique, on voit des gens de toutes origines qu'on pourrait croiser dans la rue. On n'en est pas encore là en Belgique. Même si, depuis 2017, le Fonds séries propose un ensemble d'ateliers qui sensibilise les jeunes scénaristes à la diversité et à la mixité. Dans *La Trêve* et *Ennemi public*, on avait des équipes créatives 100 % masculines. Or la première série féminine (à l'écriture et à la réalisation), *Pandore*, a très bien marché, en direct et sur Auvio. C'est une série politico-judiciaire qui intègre la question du viol et la manière dont les agressions sexuelles peuvent être instrumentalisées par l'extrême-droite, une série en prise avec l'actualité, qui traite par exemple de l'activisme sur internet ou de la polarisation de la société. Et l'héroïne, interprétée par Anne Coesens, est une femme de plus de 45 ans, qui fait son âge. C'est nouveau à la télévision belge. Et on voit maintenant la part des femmes augmenter dans les équipes créatives, par exemple dans la saison 2 d'*Ennemi public*.

L'autre grand chantier est financier. Le fonds séries avait été créé d'abord pour soutenir l'écriture puisqu'en Belgique comme ailleurs, la rémunération insuffisante des scénaristes est un problème. Mais aujourd'hui encore les créateurs se plaignent de budgets trop limités, qui n'ont rien à voir avec ceux des séries françaises, qui eux-mêmes n'ont rien à voir, comme on le sait, avec ceux des séries américaines.

I. D. : Au point de pousser certains talents belges à aller voir si l'herbe est plus verte ailleurs ?

K. T. : Après le succès de la première saison de *La Trêve* (La Une, 2016), qui a été récompensée dans des festivals internationaux et achetée par des chaînes étrangères, et également par Netflix, les trois créateurs, qui viennent tous du cinéma, ont publiquement fait savoir qu'avec un budget si réduit qui ne permettait pas de rémunérer correctement leurs équipes, ils n'envisageaient pas de faire une saison 2. Finalement, des financements privés ont été trouvés, le budget a augmenté [*de 250 000 euros à 330 000 euros par épisode, ndlr*] et la saison 2 a pu se faire. Mais effectivement, Matthieu Donck, par exemple, ne fait pas mystère des propositions alléchantes qu'il a reçu après la saison 1 de *La Trêve* et admet que s'il avait eu dix ans de moins et moins d'attaches professionnelles et personnelles en Belgique, il serait parti faire ses séries ailleurs. La question du budget, c'est très concret, c'est avoir des journées de travail moins longues, pouvoir souffler et, comme le dit Matthieu Donck, sortir de ce fonctionnement digne d'un court-métrage de fin d'études où tout se fait « à l'arrache », ce qui dissuade les techniciens et les comédiens de vouloir travailler avec vous sur un nouveau projet.

Pour cette raison, quand Arte a contacté d'Aoust, Bergmans et Donck – les trois auteurs-réalisateurs de *La Trêve* – pour participer à la production de *Des gens bien*, ils y ont vu l'opportunité d'avoir de meilleures conditions de travail sans avoir pour autant à s'inquiéter de leur liberté créative.

I. D. : Les créateurs belges ne peuvent donc pas se tourner vers d'autres diffuseurs que la RTBF et ses capacités de financement réduites quand ils veulent créer une série à forte identité belge francophone ? *Quid* des chaînes privées belges ?

K. T. : La grande chaîne privée, RTL-TVI, est une chaîne belgo-luxem-bourgeoise mais qui est très ancrée en Belgique. C'est une chaîne qui a connu des difficultés importantes ces dernières années et pour l'instant, elle ne porte pas de série 100 % belge. Il existe aussi BeTV, anciennement Canal+ Belgique, mais ses moyens sont limités et reposent davantage sur la coproduction. Aujourd'hui, les créateurs de séries belges évoluent donc de fait dans un système à guichet presque unique.

Ioanis DEROIDE

# SÉRIES-THÉRAPIE

Le regard d'une psy sur les névroses
et les psychoses des personnages de séries

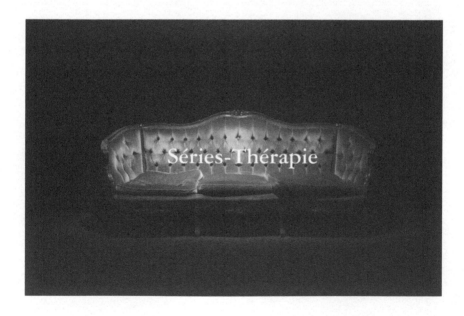

# ÉPISODE 5 : « À LA LIMITE »

## Voyage en eaux troubles
## au cœur de la personnalité borderline

Dans cet épisode de Séries-Thérapie, je vous propose, cette fois, de faire un tour aux confins des territoires-limites et, pour ce faire, de frayer autrement avec la clinique en vous invitant à entrer presque « réellement » dans mon cabinet de thérapie et d'y accueillir, sur mon divan, comme s'ils étaient réels, les « patients fictifs » dont je vais vous parler. Une façon ludique de brouiller les pistes et de jouer avec la frontière entre fiction et réalité ! Ce sera ainsi l'occasion de s'amuser avec les... limites !

Et pour cause... Alors que, dans la névrose, la grande question est celle de la rencontre avec l'Autre et d'un désir de fusion que le névrosé sait impossible car l'Autre est autre, différent de soi, avec son identité propre (ce qui est au cœur de la névrose, c'est la question de l'Amour) ; alors que dans la psychose, l'individu a peur d'être englouti par l'Autre et par le monde (la question de l'identité étant poreuse et vécue comme morcelée) ; chez les états-limites, c'est la problématique de la frontière, de la limite entre Soi et l'Autre qui est au centre.

Souvent provoquée par un trauma ou une perte de lien total (mort de la mère, agression sexuelle, etc.) ayant eu lieu dans la petite enfance avant l'Œdipe, l'attachement n'a pas pu se faire de manière sécure, ce qui a entraîné une difficulté à pouvoir vivre la vie avec sérénité : de fait, le patient borderline teste les limites et joue avec.

Pour preuve les cas cliniques abordés dans cet épisode de Séries-Thérapie : Tokyo (*La casa de papel*) et Jesse Pinkman (*Breaking Bad*).

Pour rendre la séquence ludique et rebondir sur la notion de limite entre fiction et réalité, il m'a semblé judicieux, comme je viens de l'évoquer, d'imaginer une thérapie potentielle à l'œuvre chez chacun de ces deux patients « border ». De fait, ici, je ne propose pas uniquement une analyse des comportements des personnages dans leur série respective, mais plutôt un éclairage en lien avec ce que je pourrais imaginer d'eux.

Mais entrons directement dans le vif du sujet, vous allez comprendre !

## TOKYO, MME « BULLDOZER »

Lors de ma première séance avec Silene Oliveira, je découvre une jolie jeune femme d'une trentaine d'années qui se présente sous le nom étrange de Tokyo. Elle m'explique que tout le monde l'appelle désormais du nom de cette ville. Il se trouve que je suis au courant de la situation puisque les séances avec Tokyo ne se déroulent pas au cabinet, mais à l'hôpital. Tokyo a en effet été arrêtée, jugée pour braquages et meurtres, puis condamnée à la prison à perpétuité.

Une nuit toutefois, des agents des services secrets l'ont sortie de sa cellule, lui ont fait une injection en intraveineuse pour maquiller sa pseudo mort en suicide, ce qui permettait de la déclarer officiellement décédée. Après s'être réveillée dans un centre d'entraînement spécial, les agents lui ont laissé le choix : ou bien elle acceptait de se mettre au service des services secrets, ou bien sa vie s'arrêtait là et elle pouvait être enterrée pour « de vrai ». C'est donc dans ce contexte, bien étrange, que je la rencontre pour la première fois, ayant moi-même été engagée par l'État pour cerner sa personnalité, poser un « diagnostic » et tenter de l'aider à se canaliser. Voici donc le rapport que j'ai remis aux services.

Jeune femme impulsive, Tokyo a été élevée par sa mère et n'a pas connu son père. Victime d'un traumatisme d'abandon, sa mère étant dépassée par sa personnalité hors norme et incapable de la contenir, Tokyo est tombée dans la spirale du vol et de la délinquance dès l'adolescence, entraînée alors qu'elle n'avait que 14 ans par son petit-ami, qui en avait 28. Comme j'ai pu le découvrir en lisant les procès-verbaux, Tokyo a un caractère très dur, hérité d'une existence chaotique qui l'a amenée à déraper peu à peu en prenant part à des braquages de plus en plus hasardeux et dangereux. Irréfléchie, brutale, et impétueuse, c'est une survivante ! Son existence a toujours été compliquée, c'est pourquoi elle n'avait rien à perdre en contribuant au casse de la fabrique de monnaie.

Tokyo semble n'avoir ni rien ni personne d'important dans sa vie. Elle ne voit plus sa mère depuis des années et le dernier souvenir qu'elle a d'elle est un appel téléphonique qui a mal tourné. D'une certaine façon, elle a le sentiment que tout attachement sincère lui est interdit ou voué à être perdu depuis que son petit-ami (qui faisait office de « père » spirituel) est mort sous ses yeux ; ce qui a évidemment entraîné chez elle un stress post-traumatique. Si elle a en effet alterné, avec lui, vie conventionnelle et vols de plus en plus audacieux, ils ont commis ensemble une quinzaine de braquages ; mais lors du dernier, une fusillade a éclaté, faisant trois morts, dont l'homme qu'elle aimait. Recherchée depuis ce moment-là, sa vie était une fuite permanente jusqu'à ce que celui qu'elle appelle le « Professeur » la contacte.

Comme elle me l'explique, Tokyo se considère comme « morte, ou quasi-morte », elle aime « faire la fête » et vivre son existence de manière très intense, sans se préoccuper des risques. « La vie, c'est comme une chandelle. Moi, je veux la brûler par les deux bouts. De toute façon, on finira tous au même endroit, alors, autant en profiter ! » Elle me raconte également que lors de la préparation du casse de la fabrique de la monnaie, elle a fait la connaissance de Rio, dont elle s'est entichée. Le jeune homme était beau, sensible, très attiré par elle (ce qui la narcissisait beaucoup). Leur relation a commencé lorsqu'ils se sont rencontrés dans la maison de Tolède. Ensemble, ils ont sciemment enfreint la troisième règle (pas de relations intimes), instaurée par leur chef, le fameux Professeur. Ce rapport à l'autorité est typique des personnalités borderline. Tokyo voit en son « professeur » une figure paternelle qu'elle admire et envers laquelle elle ressent également inconsciemment de l'agressivité. Elle cherche donc à tester la limite. Avoir une aventure avec Rio (plus jeune qu'elle cette fois) est un bon test. Dans un certain sens, Tokyo rejoue avec le professeur, mais aussi dans le cadre de sa liaison avec un Rio auquel elle tient plus qu'elle ne veut l'admettre, une problématique adolescente : elle a besoin de confrontation, de saisir la limite et de l'enfreindre, pour être rattrapée. Si de prime abord on pourrait penser qu'elle manque d'empathie (elle est assez agressive dans le lien théra-peutique), il apparaît clairement que la carapace qu'elle s'est forgée a des failles. De toute sa bande, elle est celle qui parle le plus : celle qui permet de refaire le fil de l'histoire, celle capable de raconter ce qui s'est vraiment passé. Et pour cause, elle est capable de se lier d'amitié. Car

Tokyo est en quête de lien. Elle entretient une relation amicale avec Nairobi avec qui elle était d'abord en froid parce qu'en concurrence. Toutefois leur amitié débute lorsque Tokyo découvre la cicatrice de la césarienne de Nairobi.

Au fond, elle est touchée par cette mère de famille qui veut prendre soin de son enfant, ce que sa mère à elle n'a pas fait. Elle entretient des liens avec les autres braqueurs également. En revanche, sa relation avec Berlin est plus complexe. Elle sent chez lui une perversité qu'elle ne supporte pas. Lui, de son côté, a du mal avec son impulsivité. Et pour cause ! Tous deux ont une faille narcissique béante, mais chez Tokyo, les actes sont bien souvent irréfléchis, comme des décharges émotionnelles, tandis que chez Berlin, tout est calculé et pensé. Lorsque Tokyo le ligote dans les toilettes et le menace, elle cherche à contenir sa perversité et à le punir ; mais elle ne pense pas aux conséquences. Lui, de son côté, nourrit sa vengeance en la livrant à la police, ligotée sur un chariot.

Autrement dit, Tokyo ne peut s'empêcher de faire ce qu'elle veut quand elle veut. Elle a une incapacité à réguler son émotionnel, aucun self control, et une incapacité à réfléchir aux conséquences de ses actes. C'est à cause de cette difficulté à se contenir et à faire preuve de patience qu'elle sort trop tôt de la banque en dépit du plan élaboré par le Professeur, provoquant la mort de Moscou parce qu'elle ne peut pas attendre que le Professeur lui réponde au téléphone… Et une fois le drame advenu, elle s'effondre en larmes, telle une petite fille prise en faute. Car, sur le plan de la maturité affective, Tokyo reste très petite ; ce qui peut la faire paraître capricieuse ou tyrannique. Or ce type de comportement quasi despotique avec les gens de son entourage est très représentatif des personnalités borderlines, qui n'arrivent pas à élaborer ou à attendre. Quand je la mets face à ces attitudes infantiles, Tokyo n'hésite pas à souffler en levant les yeux au ciel, voire à crier et à taper des pieds… Elle ne réussit pas à gérer la frustration et se met en colère dès que les événements ne prennent pas la tournure qu'elle aurait souhaité. Elle a, au fond, une difficulté immense à percevoir l'autre en tant qu'autre. C'est du reste exactement ce qui la conduit, ivre de rage et d'alcool, à dire à Rio au moment de leur séparation que leur relation était inutile et qu'elle aurait aimé coucher avec Denver. Comme elle ne supporte pas de prendre en charge son « propre mauvais », elle configure tous les autres en mauvais objet. Une façon de se défausser de toute responsabilité…

Car Tokyo pense que c'est elle le centre du monde et que c'est elle qu'il faut écouter. Un manque d'humilité terrifiant et un ego surdimensionné qui la pousse à commettre l'irréparable, mais qui raconte surtout son manque d'amour de soi.

De fait, pour lui permettre de devenir un agent d'État, tout le travail thérapeutique consistera à la renarcissiser. Il est important que Tokyo sorte du déni, prenne la mesure de ses actes et apprenne à co-construire une relation saine, en apprenant à s'appuyer sur un Autre (le thérapeute) qui fasse figure de mère suffisamment bonne (selon le concept de Donald Winnicott). Une personne qui puisse l'accueillir dans son bon *et* son mauvais, sans excuser ses comportements toxiques. Un individu qui lui pose des limites et lui apprend qu'il est possible d'être aimé malgré tout. Car ce n'est que par ce travail de retour sur soi, de prise de conscience de ses agissements et de régulation émotionnelle que Tokyo pourra parvenir à apprendre la patience. Elle pourra alors apprendre à se contenir, ce qui lui permettra de suivre des directives, en oubliant son ego et en se mettant enfin au service d'une cause plus grande que soi. Tout le travail consistera donc à lui permettre de s'appuyer sur l'Autre sans le fuir immédiatement ou sans attaquer le lien. Ensuite, il lui faudra apprendre à se séparer sans tout détruire. Vaste programme !

## JESSE PINKMAN, L'HOMME ROSE

Quand je découvre Jesse, il m'explique qu'avant sa rencontre avec Walter White, il était un petit dealer de seconde zone qui se satisfaisait de son petit trafic au jour le jour. La seule fierté qu'il retirait de cette activité trouvait sa source dans l'ajout de piment à son produit, grâce auquel il s'attribuait le titre de « Captain Cook ». Il ne prétendait alors à aucune ambition et certainement pas celle de devenir un caïd de la drogue. En fait, Jesse semblait, à ce moment-là, ne pas avoir véritablement conscience de ce qu'il faisait ni de la dangerosité des produits qu'il manipulait. Son manque de clairvoyance était tel que son mentor lui rappelait régulièrement la toxicité des ingrédients qu'ils utilisaient. Mais alors le jeune homme ne trouvait rien d'autre à répondre que : « Vous pouvez vous habiller en pédé si vous voulez, mais je ne le ferai pas ».

C'est d'abord ce comportement malhabile ne correspondant pas à l'image qu'il souhaite véhiculer qui donne à Jesse une allure légèrement grotesque, la première fois que je le rencontre. Lors de cette première séance, il commence en effet par se plaindre : il devait toujours nettoyer derrière son ancien professeur lorsqu'ils « cuisinaient » ensemble. Si le monologue, auquel il s'adonne devant moi, est empreint d'une forme d'humour cynique, c'est avant tout pour éviter de faire face à la situation terriblement morbide dans laquelle il se trouvait alors : à savoir dissoudre un cadavre dans une salle de bains. Une telle situation pose clairement la question des limites.

Revenons un instant sur cet événement particulièrement parlant. Jesse se trouve dans un contexte grave : il dissout un corps. Quelque chose d'extrêmement violent se passe et, en même temps, il ne semble pas prendre la mesure de la gravité de la situation. Sa juvénilité et son inconscience contrastent fortement avec les connaissances de son partenaire de travail. Le professeur Walter White semble, lui, tout à fait au fait de ce qui se passe et de ce qui se joue ; si bien que je pourrais imaginer que Jesse, à ce moment-là, est sous emprise, en quête d'un père spirituel qui lui pose des limites. Certes, Jesse est celui qui semble avoir eu l'idée d'utiliser son camping-car comme laboratoire ambulant, mais c'est lui, également, qui l'a fait tomber en panne par étourderie. Ces manquements le rendent attachant. Il y a quelque chose chez lui qui fascine et touche à la fois. Il a l'air d'un petit garçon en quête de reconnaissance et de sécurité. Il semble également très intelligent dans sa façon de se mouvoir et de parler. Comme s'il « sentait » les gens. Il m'explique ainsi que, suspectant les véritables raisons de la reconversion de Walter White, il l'a poussé à se dévoiler. Or il y a quelque chose de représentatif de la problématique borderline dans cette capacité intuitive. Car le « border » comme on dit dans notre jargon est aussi capable d'attention à l'égard de l'Autre… Seulement cette attention n'est pas pérenne ou est souvent empreinte de toxicité.

Pour preuve : son comportement lorsqu'il couvre son petit frère qui se cache pour fumer. Afin de créer du lien, Jesse le « protège » ; mais il le protège mal : au lieu de lui poser des limites, il lui permet de « vivre » son addiction. Pourtant, contrairement à une personnalité perverse ou narcissique, Jesse est capable de se confronter, voire de se remettre en question. C'est par exemple ce qu'il fait lorsqu'il trouve en lui les ressources pour confronter Gus Fring quand Walter, de son côté, fait preuve de lâcheté. Au fond, Jesse évolue dans un milieu qui n'est pas fait pour lui. Mais sa problématique d'attachement et son besoin d'être contenu l'amènent à ne pas choisir ou plutôt à se tourner vers ce qui lui fait du mal, dans une entreprise d'autodestruction. Jesse me raconte ainsi qu'un jour il a cherché à protéger un petit garçon abandonné par un couple de drogués qu'il était censé tuer. Contre toute attente, il a alors pris soin de l'enfant, comme pour réparer sa propre blessure abandonnique. Ayant une sensibilité à fleur de peau, il veut réparer tous les drames ou toutes les injustices dont il est témoin.

Or cette sensibilité, m'explique-t-il, a été mise en évidence au moment du décès de sa petite amie, Jane. Dévasté, il s'est rendu en cure de désintoxication. Mais la douleur qu'il éprouvait alors était telle qu'il ne pouvait s'empêcher d'appeler son téléphone, afin d'entendre sa voix sur son annonce de répondeur. Le deuil de Jane s'est avéré particulièrement douloureux, à la fois à cause de sa perte, mais aussi à cause du sentiment de culpabilité d'en être responsable.

Grâce à la thérapie, Jesse comprend peu à peu que ses actes ont des conséquences. Il m'a même dit l'avoir formulé récemment à son ancien professeur : « Soit on fuit les choses, soit on les affronte (…). On doit accepter qui on est. J'accepte qui je suis. » Je lui demande alors : « Et qui êtes-vous ? » Il me répond : « Le méchant. » En réalité, si Jesse a bien des torts, notamment liés à ses comportements à risque, à la différence de Walter, il n'est pas dans la manipulation. Il n'est pas pervers. Lorsqu'il assume sa méchanceté, il sort même de la posture de déni, dans laquelle il pouvait se complaire quand il était embrumé par la drogue. Seulement, son besoin d'être aimé est si grand qu'il entretient avec Walter White une relation fusionnelle et destructrice, dans laquelle ce dernier le maintient, parce qu'il a besoin de lui. Comme je le lui explique, Walter représente la figure de père que Jesse n'a jamais eu. D'où sa déférence à son égard : il l'appelle toujours Monsieur White, même lors de leurs altercations. Walter sent bien ce besoin chez Jesse et il en joue, n'hésitant pas à le dénigrer ou à le rendre responsable de ses propres échecs, pour asseoir son pouvoir. Le besoin incommensurable de reconnaissance paternelle est cultivé avec beaucoup d'ambiguïté par

Walter qui n'hésite pas à avoir recours à du chantage affectif pour le convaincre de continuer à « cuisiner » en sa compagnie. Néanmoins, si l'ancien professeur de chimie fait un choix « professionnel » qui l'entraîne aveuglément vers son ombre, et justifie ce choix par de faux motifs, Jesse est le premier à essayer de rompre cette spirale, dévastatrice et incontrôlable, qui risque de les amener au point de non-retour.

Pour preuve : ce qu'il semble lui avoir dit récemment : « Je ne refuse pas l'argent, je refuse de travailler avec vous. Vous comprenez ? Je ne veux plus rien avoir affaire avec vous. Depuis que je vous ai rencontré, tout ce qui m'était cher a disparu. Ruiné, merdé, mort, depuis que je bosse avec le génial Heisenberg. Je n'ai jamais été aussi seul, je n'ai plus rien ! Plus personne ! C'est clair ? Tout a disparu, compris ? Mais pourquoi... ? Pourquoi est-ce que vous comprendriez ? Pourquoi ça vous intéresserait du moment que vous avez ce que vous voulez ? Pas vrai ? Vous n'en avez rien à foutre de moi. Vous avez dit que j'étais un incapable, un moins que rien ! Pourquoi est-ce que vous me voulez ? Vous disiez que ma meth était beaucoup moins bien, non ? Vous disiez que ma cuisine, c'était de la merde ! Alors allez-vous faire foutre ! »

Mais alors que Jesse semble parvenir à s'affirmer, il se fait rattraper par son besoin de reconnaissance. Et comme Walter est un « père » (père-vers, tourné sur lui-même uniquement) sans amour qui sait très bien que Jesse, tel un fils dévoué, est pris dans un conflit de loyauté à son encontre, notamment parce qu'il est celui qui l'a « sauvé » de sa dépendance (à la drogue), il réussit à jouer sur sa corde sensible et à le manipuler pour l'amener à exécuter Gale Botticher sur le pas de sa porte. Or cet événement n'est pas sans conséquence...

La rupture entre père et fils se profile au point d'être actée lorsque Jesse rejoint l'équipe de Gus et se rapproche de Mike, nouvelle figure paternelle, cette fois bien plus bienveillante. Ceci étant, Jesse, même s'il commence à prendre inconsciemment la place du père, en se rasant le crâne, comme lui et donc en revendiquant d'une certaine façon sa « filiation », ne peut se résoudre à « tuer » le père. Le lien est trop fort. Il le signifie même clairement à Gus Fringe : « Comme je l'ai dit, si quelque chose de définitif arrive à M. White, je ne vais pas apprécier ».

En réalité, là où Walter White incarne la perversité à l'œuvre, Jesse, qui n'a pas coupé avec son innocence (il est « Pinkman », l'homme rose) est l'image même de la personnalité borderline qui frise avec toutes les limites, sans pourtant jamais perdre totalement sa dimension profondément humaine. C'est ce qui en fait un être « pathétique », au sens de ce qu'il inspire une pitié profonde, tel un héros de tragédie. Car Jesse souffre et mesure la gravité de ses actes, qu'il ne parvient pourtant pas à contenir. Certainement parce que sa parole ne se libère que très peu : avec qui pourrait-il échanger ? Walter ? Il est celui-là même à l'origine de ses maux… Malheureusement, quand il exprimait ses désaccords ou mettait en mots ces maux si douloureux, Walter, incapable d'une quelconque conscience morale, manipulait, utilisait et dénigrait…

Jesse se retrouvait donc seul face à sa conscience coupable, qui pour le coup, dans le silence, hurlait… au point de l'inciter à augmenter toujours plus le volume de sa sono. Car Jesse semble au fond envahi par une culpabilité qui le ronge et qui s'incarne dans sa propre maison, devenue un squat… Tout y est envahi. Sa demeure se veut un paysage-état-d'âme où tout se meurt…

Finalement Jesse semble avoir été aux prises dans les filets de cette araignée incarnée par Walter White. Loin d'être blanc comme neige, ou lumineux, ce dernier était celui qui éblouissait Jesse et le faisait sombrer. Mais martyr au sein de cet environnement obscur et violent, Jesse, malgré ses défaillances, et probablement à cause d'elles, continuait de se dresser, sans pouvoir s'en échapper. Témoin de la déchéance spectaculaire dont l'humanité est capable lorsqu'elle devient monstrueuse, il apparaissait alors comme le seul miroir susceptible de faire émerger une conscience morale.

En ce sens, au-delà du crime, Jesse incarne le châtiment, puisqu'aucune rédemption n'est possible tant ses fautes et la conscience qu'il en a, sont grandes. Mais comme je m'efforce de lui faire comprendre : même déchu, même perdu, il fait face et prend la mesure de sa responsabilité. En ce sens, il s'élève au-dessus de la médiocrité et touche au sublime… si bien que tout abîmé qu'il soit, on ne peut que l'aimer.

Or c'est avec cette compassion et cet amour que j'essaie de l'amener à ce qui pourrait peut-être le sortir de sa problématique et faire émerger du nouveau : le pardon. Pour avancer, Jesse doit prendre la mesure de son mal-être et de ses pertes, prendre la mesure de l'attachement anxieux qui domine ses relations, se pardonner de n'avoir pas su, pas pu aimer avec détachement, se pardonner d'avoir été l'enfant abandonné et d'accepter aujourd'hui d'être suffisamment grand pour assumer ses fautes et continuer d'avancer. Quand même !

Ainsi, à l'issue de ce parcours, il apparaît clairement que la personne borderline sait bien qu'il y a un Autre qui existe, mais la limite avec cet Autre n'est pas claire pour elle. Cet Autre est vécu comme un prolongement de soi-même, une sorte de béquille sur laquelle elle s'appuie pour exister. Où est-elle ? Où est l'Autre ? Question complexe. Pour ces personnalités, les notions de frontière, de limite et de choix sont ardues ; la frontière entre le dehors et le dedans, le sujet et l'objet, l'intérieur et l'extérieur, demeure floue et mouvante. Dans la pratique, le sujet est souvent envahissant par ses troubles du comportement, par la prédominance qu'il manifeste pour la mise en acte au détriment de l'élaboration psychique. L'aspect clinique varie alors selon l'intensité de la faille narcissique et les aménagements défensifs qui permettent de la compenser.

C'est pourquoi, selon Jean Bergeret, les « états-limites » sont une lignée intermédiaire, qui se présente comme une organisation plus fragile et non pas une structure authentique, comme le sont la névrose et la psychose. Cette a-structure (ou astructuration) peut, à tout moment, « se figer » dans l'un ou l'autre des cadres voisins « solides » soit dans la lignée psychotique (plus étrange), soit dans la lignée névrotique (plus « normale » ou « normée »). Mais elle peut aussi « emprunter » des symptômes issus des deux structures. Les bouffées délirantes en sont un excellent exemple. Ces moments féconds et délirants peuvent sembler relever de la psychose mais ils peuvent tout aussi bien apparaître chez des personnes états-limites qui pourront donc revenir à leur « état habituel ». Si l'expression d'état-limite regroupe alors un certain nombre de « troubles » de la personnalité, tous se manifestent par des relations de dépendance intense, une grande vulnérabilité dépressive (que le sujet cherche par tous les moyens à éviter) et une vie affective plutôt chaotique, sans pour autant rendre l'adaptation sociale impossible. D'après les recherches menées par Bergeret, les états-limites seraient dus à des troubles « narcissiques » (de la relation du sujet à sa propre image) entraînant une angoisse de « perte d'objet » – l'objet étant, pour le sujet, constitutif de sa propre image, dont la perte est susceptible de causer une réaction dépressive sévère. L'objet peut être une personne idéalisée avec laquelle le sujet noue une relation de dépendance affective, appelée

« anaclitique », nécessaire à sa survie ; comme si la personne avait besoin d'une « béquille » pour exister et sans laquelle elle serait réduite à néant. Il peut également s'agir d'un toxique : nourriture, alcool, médicament, drogue, etc.

L'« a-structure » se construit ainsi dès le plus jeune âge, selon certains éléments comme la relation aux parents, le rapport corps/psychisme, les frustrations, les mécanismes de défense et les choix d'objets. Quoiqu'il en soit, la thérapie pourrait permettre de renouer un lien plus sain à l'Autre et j'espère, à mon humble niveau, permettre à Tokyo et Jesse de croire à la possibilité d'une relation empreinte de douceur et de lumière !

Emma SCALI

RUBRIQUE LIVRES

Mickaël BERTRAND, *L'Histoire racontée par les séries*, Paris, L'Étudiant éditions, 2022.

Ce qui frappe en premier en feuilletant le livre de Mickaël Bertrand, c'est le souci éditorial d'accessibilité à un large public qui a présidé à sa conception : huit chapitres de 20-25 pages précédés d'une introduction, un jeu d'icônes et le recours à de fréquents encadrés pour rythmer la maquette et, à la fin de chaque chapitre, deux ou trois propositions bibliographiques « pour aller plus loin » ainsi que – plus étonnant – une page « parce que vous aimé ce chapitre » qui conseille à la fois une autre série que celle(s) qui vien(nen)t d'être abordée(s) et… un autre chapitre du livre, susceptible de susciter autant d'intérêt chez le lecteur. Par exemple, p. 65, à la fin du chapitre consacré à *Game of Thrones*, « si vous avez aimé les intrigues et les personnages sournois prêts à tout pour s'emparer du pouvoir, précipitez-vous sur le chapitre […] p. 159 ». On s'interroge sur la raison d'être de ces suggestions qui pourraient laisser penser qu'on ne tient pas pour suffisante la capacité d'un lecteur à lire les chapitres d'un essai dans l'ordre qui lui plaît ni même à trouver en lui-même la motivation d'en commencer un nouveau. Mais on peut aussi y voir un choix pédagogique visant à souligner les liens entre des chapitres qui ne se suivent pas, voire un clin d'œil aux recommandations algorithmiques des plateformes de streaming.

L'ouvrage souhaitant faciliter une lecture non linéaire, il adopte une structure souple. L'introduction se déroule en trois temps : elle apporte sa pierre à l'entreprise semble-t-il encore inachevée de légitimation des séries, puis propose une typologie des séries historiques avant de rappeler leurs atouts et limites « pour appréhender l'analyse historienne » (p. 16), les cinq premiers chapitres étudient chacun une série précise (*Vikings*, *Game of Thrones*, *La Révolution*, *Peaky Blinders*, *The Crown*), les trois suivants sont thématiques et mobilisent chacun plusieurs séries.

Parmi les cinq séries récentes mises en avant dans la première partie du livre, une nous paraît détonner : *La Révolution* (Netflix, 2020), parce qu'elle est française et non anglo-américaine, parce qu'elle est très courte

(8 épisodes contre plusieurs dizaines pour chacune des quatre autres) et parce qu'elle n'a pas rencontré de succès public ni critique.

Si l'on suit la typologie proposée par l'auteur en introduction, ces séries qui « n'accordent pas la même place à l'histoire dans leur récit » (p. 14) se répartissent comme suit : *The Crown* et *Vikings* sont des « fresques historiques […] qui visent à reconstituer […] une période particulièrement mémorable » (p. 14), *Peaky Blinders* « entrelace subtilement des personnages fictionnels et des acteurs historiques » tandis que *Game of Thrones* et *La Révolution* appartiennent à un autre type de fictions où « l'histoire n'est qu'une source d'inspiration très librement réinterprétée par les scénaristes » (p. 15). On pourrait aussi classer ces séries selon un gradient de réalisme qui commencerait par *The Crown*, la plus fidèle dans ses reconstitutions, se poursuivrait par *Peaky Blinders* et *Vikings*, davantage tributaires de représentations et de mythes pré-établis, ferait un grand pas vers l'imaginaire avec *La Révolution*, qui, comme le rappelle le titre du chapitre concerné, dévoile « un complot d'aristocrates zombis », et changerait pour finir carrément de genre (du *period drama* à la *fantasy*) avec *Game of Thrones*, ses dragons, ses marcheurs blancs, etc.

Cette inégalité dans le rapport des séries choisies au passé historique commande une différence d'approche. L'auteur consacre une partie des chapitres dédiés à *Vikings*, *Peaky Blinders* et *The Crown* à démêler le « vrai du faux[1] », en particulier dans les encadrés dont les titres en jeux de mots n'en sont pas moins clairs : « une reconstitution à Thor ou à raison », « Anar-chronisme », « La vraie histoire des Peaky Blinders », « Erreur 404 », « Qui était vraiment Oswald Mosley ? »… On souhaite rappeler ici que si cette démarche de *fact-checking* est ludique, instructive, et tout simplement difficilement résistible (l'auteur de ces lignes en a fait l'expérience dans ses propres écrits), l'étude des fictions historiques devrait chercher autant que possible à restreindre ce « jeu des sept erreurs », pour des raisons bien formulées par exemple par Mireille Berton et qui tiennent au fait que « les fictions historiques sont d'abord *un point de vue sur l'histoire*[2] », un regard depuis le présent sur

---

1    Deux ouvrages récents systématisent cette démarche de *fact-checking* : Corentin Lamy, Joffrey Ricome et Pierre Trouvé, *The Crown, le vrai du faux*, Paris, Gründ, 2020 et Sophie Gindensperger ; Damien Leloup, Joffrey Ricome et Pierre Trouvé, *Le Jeu de la Dame, le vrai du faux*, Paris, Gründ, 2021.
2    Mireille Berton, « La quatrième saison de The Crown. Pour en finir avec le jeu des sept erreurs historiques », *Au-delà du service public* [en ligne]. https://wp.unil.ch/tvelargie/

une période dont la connaissance historique même peut être emplie de biais, et que les notions de vrai et de faux sont moins opérantes quand il s'agit d'une fiction.

*Game of Thrones* étant bien plus éloigné d'une quelconque réalité historique, Mickaël Bertrand l'aborde sous l'angle des influences et des mythes. Ainsi, la guerre des Deux-Roses (1455-1487), la Conspiration des poudres (1605) ou le massacre de Glencoe (1692) sont convoqués pour éclairer les modèles historiques qui ont pu aider à créer la série, et avant elle les romans dont ses premières saisons sont l'adaptation, tandis que les représentations bibliques et médiévales des dragons sont rappelées.

*La Révolution*, pour terminer, se retrouve dans un entre-deux un peu inconfortable qui confirme qu'elle est le maillon faible de ce corpus. Bien qu'arrimée dès son titre à une période précise et célèbre de l'Histoire de France, elle regorge de tant d'inexactitudes, d'inventions et d'anachronismes qu'elle encourage un impitoyable rétablissement des faits tout en révélant la part de vanité d'un tel exercice. Mickaël Bertrand restaure donc un certain nombre de vérités (en dehors même des encadrés) mais s'intéresse, là aussi, aux imaginaires qui ont aidé à construire l'univers de la série, par exemple « le mythe du sang bleu » (p. 73-75).

Ces quelques remarques ne doivent pas faire oublier les talents d'écriture de l'auteur qui réussit, dans chacun de ces premiers chapitres, à placer de manière convaincante des références à des classiques de l'historiographie, par exemple ceux de George L. Mosse sur la « brutalisation des sociétés européennes » dans le chapitre sur *Peaky Blinders* ou ceux d'Ernst Kantorowicz sur « les deux corps du roi » à propos de *The Crown*. Ces travaux sont présentés et commentés brièvement mais toujours clairement, de manière nuancée et critique. S'ajoutant aux autres types d'éclairage apportés, ils contribuent à faire une première centaine de pages riche en informations.

La seconde partie de l'ouvrage développe trois thèmes bien distincts sous la forme de mini-essais qui délaissent le corpus des séries historiques, quitte à ne pas tenir la promesse du titre de l'ouvrage.

Le premier texte est intitulé « Le scénariste et l'historien : variations autour de l'uchronie » et est construit sur un corpus de séries dystopiques (*Squid Game*, *The Handmaid's Tale*, *Black Mirror*, *Years and Years*) dont

nos-articles/la-quatrieme-saison-de-the-crown/

deux seulement présentent une représentation d'un passé historique :
la pure uchronie *The Man in The High Castle* et *Westworld*, série de SF
mais aussi western. L'histoire est toutefois également présente à travers
des références antiques (Pline le Jeune, Tertullien, les gladiateurs,
*L'Odyssée*), des concepts historiographiques comme le « présentisme »
de François Hartog ou bien ceux qu'étudient Quentin Deluermoz et
Pierre Singaravélou dans *Pour une histoire des possibles* (Le Seuil, 2016) :
« histoires contrefactuelles, alternatives, possibilistes » (p. 134) et enfin
par le recours à des travaux précis d'historiens comme ceux de Claude
Humeau sur l'histoire de la procréation (p. 143) et de François Jarrige
sur « le refus des machines et la contestation des technosciences » (p. 151).

Le deuxième essai, sous-titré « L'histoire politique dans les séries »,
mobilise des séries politiques marquantes de ces vingt dernières années
en prenant soin de ne pas oublier les comédies : *Baron Noir, Borgen, House
of Cards, Kaamelott, Parlement, The West Wing, Veep... Game of Thrones* et
*The Crown*, déjà étudiées, y font aussi une apparition. Dans ce chapitre
très ancré dans le contemporain, la place de l'histoire se limite à un
parallèle dressé entre des intrigues de séries et des événements d'histoire
politique. Mickaël Bertrand fait par exemple remarquer que « les trac-
tations qui concernent [...] la construction d'un pont qui traverse le
détroit de Long Island [dans *House of Cards*] ne sont pas sans rappeler »
le scandale de Panama dans les années 1890 (p. 166-167). Il est sûr
que le corpus choisi restreint les possibilités d'exploration de contextes
politiques et politiciens passés. D'autres séries l'auraient permise, hormis *Vikings* et *The Crown* : *Rome, Borgia* et *The Borgias, The Tudors* et
*Wolf Hall*, John Adams... mais elles ont un peu plus anciennes et, pour
certaines, beaucoup moins connues.

Le dernier chapitre, intitulé « Les anges des séries télévisées », s'intéresse
à la représentation des personnages LGBTQ+. Il ne parvient pas tout à
fait à articuler l'historique de cette représentation, dont des jalons sont
posés (par exemple *Melrose Place* et *Will & Grace* aux États-Unis, *Clara
Sheller* et *Plus belle la vie* en France), et l'examen de séries historiques
mettant en scène ces personnages. Quelques pages les abordent à nouveau en termes de vraisemblance et d'anachronismes dans des séries déjà
traitées plus ou moins longuement (*Vikings, Kaamelott, Game of Thrones,
Mixte*), et, à nouveau, on peut regretter que le corpus n'ait pas été élargi
à quelques autres *period dramas*, certes moins en vue, qui proposent des

héros LGBTQ+ comme *Gentleman Jack* ou *Da Vinci's Demons*. Élargir le corpus, c'est justement ce que propose la partie la plus prenante du chapitre, qui se concentre sur deux fictions traitant de l'épidémie du sida dans les années 1980 (*Angels in America* et *It's a Sin*) puis sur les trois versions successives de *Queer as Folk* dont l'existence même est « révélatrice d'une accélération de l'histoire » (p. 196), concept que Mickaël Bertrand présente et illustre habilement.

Ioanis DEROIDE

# RÉSUMÉS

Pauline GUEDJ, « Portrait d'une ville en feu. *On the Verge* de Julie Delpy »

*On the Verge* suit le parcours de quatre femmes saisies dans une situation sur le fil, précédant un possible basculement de leur vie sociale, professionnelle et amoureuse. La série s'intéresse aussi à la ville de Los Angeles, qu'elle montre, comme les personnages, dans ses tensions constitutives, au bord de l'explosion économique et environnementale.

Mots-clés : Los Angeles, sans-abris, crise sanitaire, coronavirus, pollution, crise climatique.

Sylvain PAGE, « *Squid Game.* Effroyable symétrie »

Rompant avec les dystopies habituelles du micro genre *battle royale*, la série sud-coréenne *Squid Game* dépeint un concours pervers et mortel en marge d'une société d'aspect contemporain. La compétition, loin d'être une anomalie, sert de miroir révélateur à des aspects délétères du fonctionnement social. *Squid Game* traite par ce procédé des problématiques connexes au cinéma de Bong Joon-ho et affirme encore un peu plus la spécificité de l'audiovisuel sud-coréen vis-à-vis d'Hollywood.

Mots-clés : battle royale, dystopie, violence, jeu, signe.

Soline ANTHORE BAPTISTE, « De l'habit à l'*habitus*, la question de l'apparence et du "soi" dans la série *Altered Carbon* »

La série de SF *Altered Carbon* présente un univers où la mort n'est plus définitive : l'esprit est digitalisé et stocké dans des « piles » réimplantables dans un autre corps. Cette technologie transhumaniste interroge la notion d'apparence, ce qui est saisi d'un individu par un simple regard, et qui renvoie à l'*habitus* utilisée par Bourdieu pour désigner le corps dans sa dimension sociale. Que devient cet *habitus*, cette incarnation de l'identité, dans un univers où l'esprit peut s'incarner dans n'importe quel corps ?

Mots-clés : transhumanisme, apparences, corps, vêtement, identité.

Benjamin CAMPION, « Les séries originales anglophones de Netflix (2013-2020). Entre profusion, segmentation et appropriation »

L'un des arguments visant à justifier la souscription d'un abonnement à Netflix est la profusion de son catalogue. On y trouve toutes sortes de programmes, aussi bien en genres qu'en formats. Cet article se concentre sur les séries originales anglophones produites par la multinationale américaine entre 2013 et 2020. Il s'agit d'étudier deux stratégies développées conjointement par Netflix : la segmentation de l'offre en ligne, et l'appropriation de séries initiées par d'autres diffuseurs.

Mots-clés : Netflix, séries originales, profusion, segmentation, appropriation.

Nicolas P. BAPTISTE, « Les armures médiévalistes dans les séries "fantasy", entre réalisme historique et fantasme. L'exemple de *House of the Dragon* et *Les Anneaux de Pouvoir* »

*Les Anneaux de Pouvoir* et *House of the Dragon* adaptés à l'écran à partir des œuvres littéraires, sont des mondes médiévaux fantastiques, où les héros et héroïnes s'affirment à travers des armures complètes stylisées et fonctionnelles. Les trouvailles de l'Art Nouveau et la *New Sculpture* se devinent sous les esthétiques elfiques et draconiques, ancêtres des armures de Galadriel et de Daemon Targaryen. Les séries d'aujourd'hui sont la continuité d'un monde qui se rêvait déjà fantastique.

Mots-clés : armure, Art-nouveau, médiévalisme, costume, imaginaire.

Michaël DELAVAUD, « *Utopia*, mise en scène d'une théorie du chaos »

Comment figurer la complexité du monde contemporain ? En deux saisons et douze épisodes, la série britannique *Utopia* permet d'esthétiser la théorie du chaos, perceptible par le biais de sa mise en scène stylisée ainsi que par un entrelacs narratif privilégiant une prolifération de signes comme autant d'excroissances naissant autour d'un récit complotiste propre à la mise en doute constante du réel.

Mots-clés : série britannique, bande-dessinée, conspirationnsime, pandémie, récit familial.

Nicolas Barcikowsky, « Séries télévisées, jeunesse et politique en Thaïlande »

En Thaïlande, l'essor de l'industrie des séries télévisées destinées à la jeunesse a permis à de nombreux thèmes politiques et sociétaux d'être traités sur le petit écran, parfois avec un regard critique. Les inégalités sociales, l'impuissance de l'État sur certains problèmes ou encore les incohérences du système juridique thaïlandais sont aujourd'hui discutées dans de nombreuses séries télévisées.

Mots-clés : séries télévisées, jeunesse, politique, société, Thaïlande.

Achevé d'imprimer par Corlet,
Condé-en-Normandie (Calvados),
en Juin 2023
N° d'impression : 181452 - dépôt légal : Juin 2023
Imprimé en France

**CLASSIQUES GARNIER**

# Bulletin d'abonnement revue 2023
## *SAISON*
### *La revue des séries*
### 2 numéros par an

M., Mme :

Adresse :

Code postal :                              Ville :

Pays :

Téléphone :                                Fax :

Courriel :

| Prix TTC abonnement France, frais de port inclus | | Prix HT abonnement étranger, frais de port inclus | |
|---|---|---|---|
| Particulier | Institution | Particulier | Institution |
| ▪ 25 € | ▪ 33 € | ▪ 31 € | ▪ 39 € |

Cet abonnement concerne les parutions papier du 1er janvier 2023 au 31 décembre 2023.

Les numéros parus avant le 1er janvier 2023 sont disponibles à l'unité (hors abonnement) sur notre site web.

Modalités de règlement (en euros) :
- ▪ Par carte bancaire sur notre site web : www.classiques-garnier.com
- ▪ Par virement bancaire sur le compte :
  Banque : Société Générale – BIC : SOGEFRPP
  IBAN : FR 76 3000 3018 7700 0208 3910 870
  RIB : 30003 01877 00020839108 70
- ▪ Par chèque à l'ordre de Classiques Garnier

Classiques Garnier
6, rue de la Sorbonne – 75005 Paris – France
Téléphone : + 33 1 43 54 00 44
Courriel : revues@classiques-garnier.com

Abonnez-vous sur notre site web :
www.classiques-garnier.com